Unterwegs in Neuenhäusen und seiner Geschichte

Egon Enghausen und Carsten Maehnert

Unterwegs in Neuenhäusen und seiner Geschichte

Herausgegeben von der Stadt Celle
auf Initiative des Ortsrats Neuenhäusen

ISBN 3-925902-45-7

Umschlagbilder vorn:
Carsten Maehnert, 2002
hinten: Ausschnitt aus dem Handzettel für das Stadtteilfest Neuenhäusen am 19.5.2001 in der Breiten Straße.

Gesamtgestaltung: SchadinskyVerlag

Zur Einführung in das Buch

Treten sie näher, liebe Leser und Leserinnen, durch die wunderschöne alte Haustür des Einbandes: Sie befinden sich im Stadtteil Neuenhäusen.

Schon Herzog Georg Wilhelm und seine Frau Eléonore d'Olbreuse haben den nördlichen Teil Neuenhäusens geplant und hier Ende des 17. Jahrhunderts zum Beispiel gewerbliche Betriebe und hugenottische Mitglieder des Hofes angesiedelt.

Die hier vorliegende Chronik zeigt deutlich, dass dieser Stadtteil über die folgenden Jahrhunderte hinweg stets voller wirtschaftlichen und kulturellen Lebens gewesen ist und bis heute seine Anziehungskraft bewahrt hat.

Die Mitglieder des Ortsrates waren und sind der Meinung, dass die bedeutende Entwicklung Neuenhäusens schriftlich und bildlich festgehalten werden muss. Am 5. Mai 1999 wurde der einstimmige Beschluss gefasst, die beiden Celler Autoren Egon Enghausen und Carsten Maehnert zu beauftragen, in enger Zusammenarbeit mit Leitung und Mitarbeiterinnen des Verlages Schadinsky, eine Chronik zu erstellen.

Nun liegen das reiche Wissen der Verfasser und viele fotografische Erinnerungen vor Ihnen. Freuen Sie sich daran.

Marlise Münchau

Marlise Münchau,
Ortsbürgermeisterin von 1996-2001

Neuenhäusen hat viele Gesichter. Industrie- und Gewerbegebiete, neu entstehende Wohnquartiere und idyllische Plätze, Handwerksbetriebe und Behörden, aber auch prachtvolle Häuser aus der Entstehungszeit kennzeichnen diesen Stadtteil.

Es ist sicherlich müßig zu diskutieren, ob Neuenhäusen ein schöner Stadtteil ist. In jedem Fall ist er lebendig und pulsierend mit großer kulturhistorischer und wirtschaftlicher Bedeutung für die gesamte Stadt Celle.

Diesen Stadtteil in seiner gesamten Vielfalt zu entdecken und kennen zu lernen, ist sicherlich eine lohnende Herausforderung. Allerdings setzt dies die Bereitschaft voraus, sich mit seinen geschichtlichen Ursprüngen zu befassen. Nur auf diesem Weg läßt sich Gegenwart begreifen und Zukunft gestalten.

Daher unterstützt auch der seit November 2001 amtierende Ortsrat die Herausgabe der Chronik für Neuenhäusen. Mit dem nun vorliegenden Werk ist es den Autoren gelungen, die Geschichte Neuenhäusens umfassend und facettenreich darzustellen.

Ich wünsche Ihnen viel Freude bei dieser Lektüre.

Joachim Ehlers

Joachim Ehlers,
Ortsbürgermeister seit 2001

Für eine finanzielle Unterstützung dieses Buches danken wir Siegfried Beinlich, Lothar Birkner, Horst Fretzer (†), Dieter Legall, Dieter Levermann, Marlise Münchau, Peter Schadinsky und der König-Brauerei, Vertretung Klaus Timmann.

Vorwort der Autoren

Es gibt eine Reihe von Büchern und Aufsätzen über die Celler Geschichte, aber über die einzelnen Stadtteile findet man sehr viel weniger. Es ist dem Ortsrat Neuenhäusen und insbesondere dem Engagement von Marlise Münchau – Ortsbürgermeisterin 1996 bis 2001 – zu verdanken, dass für diesen historisch sehr interessanten Stadtteil eine Lücke geschlossen werden konnte.
Ausgangspunkt waren dabei Volkshochschulkurse, in denen Egon Enghausen über Neuenhäusen in Wort und Bild berichtete. Er war lange Jahre in der Schlossführung tätig und hatte schon mehrmals das Schloss und seine Baugeschichte an der Volkshochschule vorgestellt, als man ihn Anfang der 1990er Jahre auf die Geschichte des Stadtteils ansprach, den er seit seiner Geburt kennt. Für diese Diavorträge trug Enghausen eine umfangreiche Fotosammlung zusammen, die er im Laufe der Zeit durch Privataufnahmen, die ihm Neuenhäuser Kursteilnehmer überließen, noch um einige interessante Details erweitern konnte. Diese Sammlung bildet nun die Grundlage für unser Buch. Und deshalb gilt allen, die dazu beigetragen haben, ein besonderer Dank der Autoren – den Neuenhäuser Bürgern ebenso wie Justus Steinbömer vom Antiquariat Cellensia, aus dem viele Postkartenmotive stammen, sowie dem Stadtarchiv Celle und dem vor kurzem verstorbenen Heinz Busch.
Egon Enghausen und Carsten Maehnert, der zuvor gerade über zwei andere alte Celler Vorstädte – das Hehlentorgebiet und die Blumlage – gearbeitet hatte und der auch diesmal für den begleitenden historischen Text sorgte, begannen 1999 mit diesem Buchprojekt. Und so ist als jüngstes Bauwerk auch das damals neue Parkhaus am Bahnhof festgehalten (Bild 3.6). Aber bis zur Vollendung der Arbeit im Jahre 2002 hat sich einiges ereignet. Manches wie das neue Waldwegquartier konnten wir noch mit einbeziehen – anderes (z. B. die Biermannstraße) nicht mehr.
Verändert haben sich in dieser Zeit auch die „Grenzen" von Neuenhäusen. So findet sich in dem Buch noch ein Bild vom Bahnübergang Mondhagen (Bild 16.24), denn Teile dieser Straße gehörten 1999 noch zu Neuenhäusen. Ende des Jahres 2000 wurde jedoch einvernehmlich die „Grenze" zwischen den Ortsteilen Westercelle und Neuenhäusen bereinigt. Von Osten kommend über den Wederweg, dann die Hannoversche Heerstraße nach Süden entlang und weiter der Südtangente folgend verläuft sie nun, wobei die beiden Höfe Ecke Wederweg/ Bernstorffstraße und Ecke Hannoversche Heerstraße/ Wilhelm-Heinichen-Ring bei Westercelle verblieben. Auf der anderen Seite wurde der Schützenplatz wegen seiner Bedeutung für die Entwicklung der Innenstadt von Neuenhäusen an die Altstadt abgegeben.
Neuenhäusen blieb dabei aber in seinem Kerngebiet unberührt. Zwischen der Aller und der Fuhse hatte es sich seit dem 17. Jahrhundert vor dem Westceller Stadttor entwickelt. Noch lange Zeit gab es hier auch landwirtschaftliche Flächen, die beispielsweise die etwas älteren Siedlungen Neustadt und Altenhäusen von den „neuen Häusern" – daher der Name – trennten. Erst mit der Eisenbahn (ab 1845) änderte sich dies. Gab es, wie Clemens Cassel in seiner Stadtgeschichte berichtet, um 1800 erst knapp 200 Häuser in Neuenhäusen, so waren es 1864 schon 315. Nicht mitgerechnet ist dabei Altenhäusen, das hier noch zur Neustadt gezählt wurde. Durch die Vereinigung der Vorstädte mit der Stadt Celle endete 1869 eine – allerdings doch sehr begrenzte – politische Vertretung des Ortsteils. Für das gesellschaftliche Leben behielt der Stadtteil seine Bedeutung, so dass die neuen Ortsräte seit 1991 wieder daran anknüpfen konnten.
Bis dahin war Neuenhäusen aber schon stark vergrößert worden. Der Bau des Güterbahnhofs 1892 war Anlass für die Stadt, 1899 von der Gemeinde Westercelle das Areal südlich der Fuhse bis zum Waldweg zu erwerben – 1939 kamen weitere Flächen hinzu, zum Beispiel Teile des Mondhagens sowie östlich der Hannoverschen Heerstraße Gebiete bis in die Nähe des Wederweges.
Wie sich das Bild in diesem Stadtteil verändert hat, das will das Buch bei einem kleinen Rundgang durch die Straßen deutlich machen, wobei viele Themen - aber keineswegs alle – angesprochen werden sollen. Vom Bahnhof geht es dabei zunächst in das alte Kerngebiet mit seinen, nach den herzoglichen Plänen schachbrettartig angelegten Straßen rund um die Trift und dann in die relativ jungen Wohn- und Gewerbegebiete südlich der Fuhse.
Gerade der Bezug zu den Bildern erlaubt es dabei, auf viele Details einzugehen – da geht es um Hundefuhrwerke (Bild 10.2), Störche (Bild 7.22), Vorgärten (Bild 3.18) und die alte Westerceller Windmühle (Bild 16.6) ebenso wie um Schulen, Unternehmen, denkmalgeschützte Häuser und vieles mehr. Wer nun nicht solchen „Launen" eines Rundganges folgen will, sondern sofort zum Thema Hundefuhrwerke kommen will, der sei auf das Register am Ende verwiesen. Es erhält zusätzliche Bedeutung dadurch, dass aus Sach- und/oder Platzgründen manche Themen in mehreren Kapiteln – dann unter unterschiedlichen Aspekten – behandelt werden. So lebte der Museumsgründer Wilhelm Bomann eine Zeit in der Hannoverschen Straße, wo sich seine Fabrik befand, und danach dann in der Bahnhofstraße. Ein anderes Beispiel ist der Bombenangriff vom 8. April 1945, der mehrere Straßen betraf und in dem Buch insbesondere in den Kapiteln Kirchstraße und Windmühlenstraße behandelt wird.
Hier und bei vielen anderen Themen konnten wir auf Arbeiten zurückgreifen, die verschiedene Aspekte schon genauer untersucht haben. Dabei sind insbesondere die Arbeiten von Andreas Flick zur Geschichte der Hugenotten und der Evangelisch-reformierten Gemeinde zu nennen, die Hausgeschichten von Carla Meyer-Rasch, die Arbeiten zur neueren Stadtgeschichte von Dr. Mijndert Bertram sowie die „ArchitekTouren zu den Bauten

von Otto Haesler" (Oelker/Klatt) und Gernot Fischers „Celler Baudenkmale". Grundlage des Buches bilden aber auch umfangreichere Archivrecherchen, wobei sich im Stadtarchiv Celle auch die dort angelegte Zeitungsausschnittssammlung als wertvolle Quelle erwies.
Mühe gegeben haben wir uns mit der Datierung der Bilder, obwohl dies nicht einfach ist. Am problemlosesten war dies bei besonderen Ereignissen, zum Beispiel dem Hochwasser vom Januar 1918 (Bild 7.35). Manchmal ergibt sich eine genauere Datierung durch die abgebildeten Bauten: in Bild 3.14 ist das 1905 gebaute Eckhaus Bahnhofstraße 30 zu sehen, das daneben (Nr. 29) heute stehende, 1906 errichtete weitere Jugendstilhaus fehlt jedoch noch (Baudaten nach Fischer: Celler Baudenkmale).
In manchen Fällen findet man in der ursprünglichen Beschriftung von Postkarten ein Datum, so bei Bild 11.1 die Angabe 1908 oder bei Bild 10.1 das Jahr 1905. Dies weist aber nur auf das Druckdatum, die Fotografie könnte schon älter sein. Poststempel oder ein von dem Absender der Postkarte notiertes Datum sind nur indirekt hilfreich, da früher Postkarten relativ lange im Umlauf waren. Da für die meisten Fotos kein genaues Datum überliefert ist, sind aber oft nur wage Angaben möglich – zum Beispiel bei Bild 3.13 „vor 1907", weil hier noch keine Straßenbahngleise in der Bahnhofstraße liegen.
Für die Unterstützung bei der Arbeit danken die Autoren den Mitarbeitern des Stadtarchivs Celle, insbesondere Sabine Maehnert, sowie denen des Bomann-Museums Celle. Engagiert begleitet haben uns Marlise Münchau und auch das Team des Schadinsky Verlages – namentlich Peter Schadinsky und Angelika Heins –, ein Dank geht aber auch an Nicole Schäfer, Andreas Flick und weitere Menschen, die uns geholfen haben. Und nicht zuletzt bedanken wir uns bei unseren Ehepartnern, ohne die es nicht möglich gewesen wäre, so viel Zeit in die Vorbereitung dieses Buches zu stecken.

Egon Enghausen Carsten Maehnert

Inhaltsverzeichnis

Geschichtliche Entwicklung im Überblick

Am 18. März 1684 schrieben die Berater (Geheimen Räte) des Celler Herzogs Georg Wilhelm an den verwandten Herzog in Hannover, „daß die vor unseres gnädigsten Fürsten und Herrn Residentz alhir angefangene Neustadt nach und nach mit mehreren Gebäuden bebauet wirdt.“ Gemeint ist das heutige Neuenhäusen, das schon wuchs, obwohl der endgültige Rechtsstatus noch nicht festgelegt war – zum Beispiel bei der Frage, ob in Zünften organisierte Berufe auch hier ausgeübt werden dürften. „Als man nun nicht zweifelt, es werde hiebevor zu Hannover, wie selbige Neustadt gebawet worden, eben dergleichen geschehen, und etwa mit Bürgermeister und Rath der alten Stadt, wie es der Ämbter und Gilden halber zwischen beiderseits Leuthe in der Alten und auf der Neustadt zu halten, einige Abrede getroffen seyn, deren man sich auch dieses Ohrts alhir nützlich zu gebrauchen haben könnte“, bittet man um Nachrichten darüber, welche Vereinbarungen man in Hannover bei der Anlage der dortigen Neustadt getroffen hat.

Quelle: Hauptstaatsarchiv Hannover, Calenberg Br. 17 Nr. 54 und 55

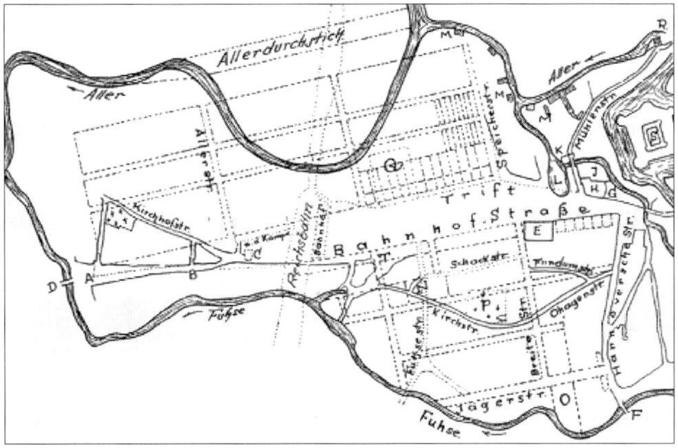

Plan der Stadterweiterung von 1680 nach Otto von Boehn. (Cassel, Bd. 1)

1680 hatte der Herzog den Plan für eine Stadterweiterung von Celle erarbeiten lassen, der das gesamte Gebiet zwischen der „Tätze“ – damalige Bezeichnung der Fuhse zwischen dem heutigen Freibad 77er-Straße und ihrer Mündung – im Süden, der Aller im Norden und der „Fuhse“ im Osten – dem heutigen Ostteil des Magnusgrabens, der am heutigen Freibad auf das heute noch bekannte Fuhsebett traf. Der Plan ist erhalten und zeigt eine für die damalige Zeit typische rechtwinklige Anordnung von Straßen ohne Rücksicht auf frühere Siedlungsansätze. Das Gebiet war zwar noch weitgehend unbebaut, doch mit der Neustadt an der Fuhsebrücke, dem Dorf Altenhäusen und der Siedlung im Sande beim „Sandkrug“ bestanden hier schon einige Häuser, im Jahre 1664 insgesamt 117. Im Sande gab es schon im 16. Jahrhundert Einwohner, die anderen beiden Siedlungen entstanden nach Clemens Cassel im 30-jährigen Krieg (1618-1648), als zur besseren Stadtverteidigung Menschen, die direkt vor den Stadtwällen lebten, dorthin umgesiedelt wurden. Nach den Plänen von 1680 hätte sich dann das erweiterte Celler Stadtgebiet mit dem damaligen Hamburg messen können.

Quellen: Cassel Bd. 1, Hugenotten

Die Tatsachen, dass es noch heute den Stadtteil Neustadt gibt, dass Neuenhäusen nicht ausschließlich aus geraden Straßen besteht und dass das Gebiet mit den anderen Vorstädten erst 1869 mit der Stadt vereinigt wurde, zeigen, dass die ursprünglichen Pläne nicht in vollem Umfang zum Zuge kamen. Doch zumindest das Gebiet zwischen dem Magnusgraben und dem Bahnhof ist wesentlich von diesen Plänen geprägt: Die repräsentativen barocken Fachwerkhäuser an Trift, Bahnhofstraße und Hannoverscher Straße gehen ebenso darauf zurück wie die kleineren Fachwerkhäuser in der Hugenotten- und der Breiten Straße. Reichere Hofbeamte, Landwirte, Bauhandwerker und Gewerbetreibende, die nicht auf Zünfte angewiesen waren (am bekanntesten sind die Ende des 17. Jahrhunderts gegründeten Kerzenfabriken), siedelten sich hier an sowie auch viele Hilfskräfte. Insbesondere unter den Hofbeamten nahmen die Hugenotten eine bedeutende Stellung ein – 1684 hatte der Celler Herzog den in ihrer Glaubensausübung immer mehr eingeschränkten reformierten Protestanten in Frankreich gewissermaßen „Asyl“ angeboten.
Auch wenn das Projekt durch die welfischen Erbfolgepläne und den damit absehbaren Verlust der Residenzfunktion Celles nach dem Tode Herzog Georg Wilhelms (1705) an Elan verlor, entstand eine ansehnliche Vorstadt. Mit dem Landgestüt und dem Zuchthaus waren nach dem Tod des Herzogs zwei neue Wirtschaftsfaktoren in die Vorstadt gekommen. Entscheidende Veränderungen gingen dann vom Bau der Eisenbahn aus. 1845 starteten die ersten Züge, aber schon 1836 lagen allein in der Neustadt bereits drei Anträge zur Errichtung von Gastwirtschaften am „Anhaltepunkt der projektierten Eisenbahn“ vor. In der Folgezeit entstanden in der Nähe des Bahnhofs eine Reihe von Industriebetrieben, die Neuenhäusen wiederum ein neues Gesicht gaben.

Quellen: Cassel, Hugenotten, Stadtarchiv 23F2.

Der Bahnhof

1.3 Zwischen 1891 und 1908 wurde das alte Bahnhofsgebäude erweitert. (Postkarte, zwischen 1907 und 1914)

1.4 Ursprünglich gab es nur zwei Bahnsteige in Celle. Mit der Entwicklung neuer Linien nach 1900 änderte sich dieses Bild, und dies machte einen Umbau erforderlich. (Postkarte, 1909)

Bilder auf der vorigen Seite:
1.1 Erstes Celler Bahnhofsgebäude. Das Aquarell von F. Brüggemann von 1904 zeigt den Zustand um 1890. (Bomann-Museum)
1.2 Das Dampfzugzeitalter geht 1965 zu Ende: Nach der Elektrifizierung der Strecke wird die erste E-Lok im Celler Bahnhof begrüßt. (Foto 1965, Stadtarchiv)

Die Bahngleise bilden heute die westliche Grenze des Stadtteils Neuenhäusen – als der Bahnhof angelegt wurde, erhielt er jedoch zunächst die Hausnummer „Neustadt 80" (Adressbuch 1848). Denn zur Neuenhäuser Seite war die Umgebung noch weitgehend unbebautes Feldland. Das änderte sich jedoch bald, so dass der Bahnhof dann zur heutigen Kirchstraße gerechnet wurde (Adressbuch der 1860er Jahre: Altenhäusen 43). Der große Bauboom in dieser Gegend setzte aber erst Ende des 19. Jahrhunderts ein. Dann erhielt der Platz vor dem Bahnhof einen eigenen Namen und der Bahnhof die Adresse Bahnhofsplatz 6.

Die Eisenbahn kommt 1845/47

Die Eisenbahn kam sehr früh nach Celle – am 8.10.1845 wurde das Teilstück von Lehrte bis Celle mit einer Fahrt des Hannoverschen Königs und des Braunschweiger Herzogs eingeweiht, am 1. Mai 1847 konnte dann auch die weitere Strecke bis Harburg ihren Betrieb aufnehmen. Als Bahnhofsstandort war in Celle ursprünglich auch der Wildgarten – das Gebiet südlich des Französischen Gartens – in der Diskussion, man entschied sich dann aber doch für die heutige Stelle.

Quelle: Cassel Bd. 2.

Der erste Bahnhof

Das erste Bahnhofsgebäude wurde 1847 (Bild 1.1) in einer Art gebaut, wie sie damals für Zwischenstationen eingesetzt wurde, und erfüllte seinen Zweck bis zum Bau des jetzigen Gebäudes um 1922. Um 1890 (Bild 1.3) erhielt es im Süden und Norden je einen Anbau für geräumige Wartesäle – der Zeit gemäß mit 1., 2. und 3. Klasse –, die

von dem jeweiligen Bahnhofsgastwirt bewirtschaftet wurden.
Quellen: Fischer und Cassel Bd. 2.

Bahnhofsneubau um 1920

Schon seit 1913 gab es Planungen und Vorarbeiten zum Neubau des Gebäudes im neubarocken Stil, da auch durch die Errichtung von neuen Bahnstrecken (1903 nach Schwarmstedt, 1902/04 nach Bergen, 1913 nach Gifhorn) der Verkehr auf dem Bahnhof zugenommen hatte. Durch den Ersten Weltkrieg wurden die Arbeiten unterbrochen, doch danach wurden die Planungen im wesentlichen unverändert weitergeführt.
Einen guten Eindruck von der Bauaufgabe gibt ein Artikel in der Niedersächsischen Landeszeitung vom 19.3.1919 – zu einer Zeit, als der alte Bahnhof noch bestand und die Baugrube für den neuen ausgehoben wurde: „Das neue Bahnhofsgebäude wird auf dem Platz vor dem jetzigen Empfangsgebäude errichtet werden und reicht bis hart an die Unterführung. An diesem Ende des Gebäudes werden die Küchen und Wirtschaftsräume des Bahnhofsgastwirts sowie die Wartesäle ihren Platz finden. In der Mitte ist eine leider in ihren Abmessungen nur sehr bescheiden gehaltene Eingangshalle vorgesehen, in der die Fahrkarten- und Gepäckschalter angeordnet sind. Von dieser Eingangshalle aus geht man ohne Stufen in den Personentunnel, der etwa an der Stelle des jetzigen Haupteinganges zum Bahnsteig zu liegen kommt. Von diesem Tunnel aus führen dann Treppen auf die einzelnen Bahnsteige, sodaß man nicht mehr wie bisher erst eine Treppe hinauf, dann wieder eine solche herunter und schließlich wieder zum Bahnsteig hinauf gehen muß. Um dies zu erreichen, muß das ganze Empfangsgebäude entsprechend tiefer gelegt werden." Die Poststelle sowie Dienstwohnungen waren im Norden des Gebäudes vorgesehen.
Deutlich wird hier, dass der alte Bahnhof mit seiner Lage auf Höhe des Eisenbahndammes für nur zwei Gleise geplant war (Bild 1.4). Anfang des 20. Jahrhundert waren jedoch durch weitere Anschlüsse zusätzliche Bahnsteige notwendig. 1921 wurde der

1.5 Pferdedroschken und (ab 1907) die Straßenbahn prägten lange das Bild des Bahnhofsvorplatzes. (Postkarte, vor 1916)

1.6 Wo oben die Droschken standen, wurde 1919 die Baugrube (Vordergrund) für den Bahnhofsneubau ausgehoben.
(Aufnahme Wilh. Margraf 1920, Foto: Stadtarchiv)

1.7 Arbeiten an der Deckenkonstruktion für die große, heutige Bahnhofshalle. (Privatfoto um 1922)

1.8 Das neue Bahnhofsgebäude wenige Jahre nach seiner Fertigstellung. Beim Bau um 1922 griff man auf Pläne aus der Zeit vor dem Ersten Weltkrieg zurück. (Postkarte vor 1929)

erste Bahnsteig für die Züge nach Gifhorn und Uetze gebraucht, der zweite für die nach Hamburg, der dritte für die nach Lehrte/Hannover und der vierte für die nach Schwarmstedt (CZ 4.1.1919).

1923 ist der Neubau fertig

Fast wäre der Bahnhofsneubau dann doch nicht zustande gekommen. Nachdem im April 1919 mit dem Aushub der Baugrube begonnen wurde, war die Eisenbahnverwaltung gut ein Jahr später bei immer knapper werdenden Kassen drauf und dran, die Grube wieder zuzuschütten. Denn auf Dauer behinderte diese den Publikumsverkehr am Bahnhof sehr, wie die Fotos zeigen, die wohl die Stadt zur Unterstützung ihres Protestes gegen den Baustillstand um 1920 machen ließ (Bild 1.6).

Die Proteste hatten Erfolg. Am 10. Oktober 1922 konnte so der erste Bauabschnitt des neuen Bahnhofs in Betrieb genommen werden. Dann wurde das alte Stationsgebäude abgerissen, so dass man die Wartesäle im Südteil des neuen Bahnhofsgebäudes bauen konnte und auch den Zugang für den Tunnel zu den Bahnsteigen. 1923 wurde auch dies fertig, so dass die neue Fußgängerunterführung, die ohne Stufen zu erreichen war, den Verkehrsfluss erleichterte.

Quelle: Stadtarchiv, 30/362.

Tradition und Wandel

Schmiedeeiserne Absperrgitter und Kontrollbeamte sorgten aber noch lange dafür, dass nur Reisende und ihre Begleiter den Tunnel nutzen konnten – erst 1966 wurden die Schranken endgültig abgebaut (CZ 2.2.1966).

Damit entstanden aber auch langfristig neue Perspektiven für den Bahnhof. So konnte der Tunnel später Richtung Neustadt zu einem Durchgang geöffnet werden, mit dem in den 1980er Jahren die erste Park+Ride-Anlage im Osten des Bahnhofs angebunden wurde. Mit neuen Bahnhofskonzepten in Deutschland änderte auch der Celler Bahnhof sein Gesicht und zur Expo 2000 wurde zum Beispiel ein Bahnsteig für die S-Bahn umgebaut.

Bahnhofsunterführung

2.3 Blick über die Baustelle für die neue Bahnhofsunterführung in Richtung Südosten, im Hintergrund Häuser der Neustadt. (Privatfoto um 1921)

2.4 Mit dem Bau des neuen Bahnhofsgebäudes begannen um 1921 auch die Arbeiten für eine neue Straßenunterführung zwischen der Bahnhofstraße und der Neustadt. (Privatfoto um 1921)

Bilder auf der vorigen Seite:
2.1 Zunächst führte der Straßenzug Bahnhofstraße/Neustadt auf der Rampe links im Bild direkt über die Schienen, erst Ende des 19. Jahrhunderts wurde durch den Bau einer Unterführung der Verkehr getrennt. (Aufnahme Wilh. Margraf 1920, Foto: Stadtarchiv)
2.2 Stolz stellen sich die Bauarbeiter um 1894 dem Fotografen. (Foto um 1894)

Die Bahnhofsunterführung, wie wir sie heute als Verbindung von Bahnhofstraße und Neustadt kennen, entstand erst mit dem Umbau des Bahnhofsgebäudes Anfang der 1920er Jahre. Ein Foto aus dieser Bauphase, mit dem die Stadt auf die Behinderungen durch eine längere Unterbrechung der Arbeiten aufmerksam machen wollte, zeigt noch den Vorgängerbau aus den Jahren 1893-95 (Bild 2.1) – in einer Form, wie sie heute noch für die Bahnunterführung im Zuge Heese/Wiesenstraße kennzeichnend ist.

Heeseunterführung

Die Heese und die Neustadt nahmen den Hauptverkehr über die Bahngleise auf, daneben gab es noch einen kleineren Überweg nördlich des Bahnhofs, gewissermaßen in der Fortsetzung der Trift, sowie einen größeren in der Nähe des heutigen Waldweges. Allerdings war die Unterführung an der Heese ursprünglich nur sehr klein. „Die alte, viel zu schmale und zu niedrige Unterführung mit ihren schlechten Straßenanschlüssen" musste 1914 vollständig ersetzt werden, damit sie überhaupt als Umleitung für den Tunnelneubau an der Bahnhofstraße benutzt werden konnte.

In einem Vertrag sicherte die Eisenbahnverwaltung den Bau eines 12 Meter breiten Brückenbauwerks zu „mit Säulenstellung und einer lichten Höhe von 3,90 Meter", das dann auch gerade in der Fluchtlinie der Heese liegt. Ausgeführt werden sollten diese Bauarbeiten vom Celler Bauunternehmen W. Hellmann, um möglichst viele einheimische Arbeiter zu beschäftigen. Der Bau wurde im Herbst 1914 noch beendet, ehe der Erste Weltkrieg das eigentliche Hauptprojekt – die Bahnhofsumgestaltung – zum Stillstand brachte.

Quelle: Stadtarchiv, 30/362

Bahnhofsunterführung

Wohl im Zusammenhang mit der ersten größeren Erweiterung des Bahnhofsgebäudes entstand 1893-95 (Bild 2.2 zeigt die Bauarbeiten) der Vorgängerbau für die heutige Unterführung im Zuge der Bahnhofstraße. Alte Bilder zeigen auch noch den schienengleichen Übergang, der daneben lag und der heute noch auf der Neustadtseite erkennbar ist.

Planungen für einen Neubau entstanden schon 1912 und ein Jahr später unterzeichneten Eisenbahnverwaltung und Magistrat einen Vertrag, der die Eckdaten festlegen sollte. Dabei war auch vereinbart worden, dass durch den Neubau der Unterführung endlich eine relativ geradlinige Verbindung von Bahnhofstraße und Neustadt ohne die bisherigen Kurven entstehen sollte.

Als dann nach dem Ersten Weltkrieg das Projekt auch umgesetzt werden konnte, gab es aber erneut Streit, weil die Bahn aus Kostengründen die Pläne ändern wollte. So sollte die Höhe nur noch 4,05 Meter betragen. Mindestens 5 Meter Höhe in der Mitte der Wölbung forderte die Stadt, ging aber dann auf 4,15 Meter zurück: „Die Höhe muss schon mit Rücksicht auf die Lage der Straßenbahn sowie auf die mit Heu und Stroh

2.7 Eine Bronzetafel erinnert in der Unterführung an das Hochwasser von 1946. (Foto: Enghausen, 2000)

2.5 Das Jahrhunderthochwasser im Februar 1946 setzte auch die Bahnhofstraße (links der Bahnhof) unter Wasser. (Foto 1946, Stadtarchiv)

2.6 Beim Bombenangriff vom 8. April 1945 wurde auch die Unterführung stark getroffen. Das Hochwasserbild von 1946 zeigt sie wieder für den Zugverkehr nutzbar. (Foto 1946, Stadtarchiv)

2.8 Die Milchbar gab dem Eingang in die Unterführung einen neuen Rahmen – links im Bild die ehemalige Bahnhofsmission. (Foto 60er Jahre)

2.9 Mit Leuchtkästen für Reklame erhielt die Bahnhofsunterführung in den 60er Jahren ein neues Bild, doch ein Wandel in der Werbung und Vandalismus beendeten dies Kapitel um 1972. (Aufnahme 60er Jahre, Foto: Stadtarchiv)

beladenen Wagen verlangt werden." Zugleich drang der Magistrat auf eine hoch- und grundwassersichere Einrichtung, damit der Übergang ständig offen ist.

Quellen: Cassel Bd. 2 und Stadtarchiv 30/362

Bombenschäden 1945

Nicht erst heute gibt es also Probleme mit der Höhe dieser Unterführung. Hochwassersicher war die Anlage allerdings, bis im Zweiten Weltkrieg Bombenabwürfe auf das Bahngelände auch hier große Schäden anrichteten. Und so stand sie beim Jahrhunderthochwasser im Februar 1946 voll Wasser. (Bild 2.5–2.7)

Auch wenn schnell nach dem Krieg alle Anlagen wieder in Stand gesetzt worden waren, es blieben noch längere Zeit „häßliche Ecken". Eine war die Stützmauer am Eingang der Unterführung Richtung Bahnhofstraße. Sie konnte erst 1956 wieder in Stand gesetzt werden – parallel mit der Erweiterung des Bahnhofsgebäudes durch die „Milchbar" (CZ 14.4. und 19.5.1956 – siehe Bild 2.8).

Werbung bringt Licht

„Prachtvolle Schaufensterfassade am Bahnhof geplant", mit dieser Schlagzeile wies die CZ am 11. März 1960 auf eine weitere Verschönerung der Bahnhofunterführung hin. Nach der Idee des Architekten Wilhelm Diener und des Planungsingenieurs F.O. Hinsch sollten „die von Bombensplittern durchlöcherten Wände" Schaufenster erhalten, die bei Tag und Nacht mit Neonlampen „erstrahlen" (Foto 2.9). Wenig später konnte dieses Verschönerungsprojekt, das Celler Firmen Werbeflächen bot, erfolgreich starten. Um 1972 lief dieses Geschäft jedoch nicht mehr, und die Glasscheiben der über 120 Schaukästen wurden eine Angriffsfläche für Vandalismus (CZ 10.2.1972). Bald wurden sie dann entfernt. In den 90er Jahren wurde die Bahnhofsunterführung dann noch einmal gründlich saniert.

Die Bahnhofstraße

3.3 Aufschwung um 1900: das kleine Haus mit der Trüllerreklame am Eingang zur Kirchstraße wird bald einem größeren weichen. (Postkarte vor 1903)

3.4 Legendäre Gastgeberin im „Franziskanerbräu", der von 1882 bis Mitte der 20er Jahre am Bahnhof (am späteren Trüllerring) bestand, war Ida Deichmann. (Postkarte um 1910)

Bilder auf der vorigen Seite:
3.1 Blick von der Bahn in die aufstrebende Bahnhofstraße, hier noch von Bäumen an beiden Seiten gesäumt. (Postkarte vor 1901)
3.2 Mit der Einrichtung der Straßenbahn 1907 tritt die erste große Veränderung im Straßenbild auf. (Postkarte um 1910)

Der Name „Bahnhofstraße" ist noch relativ jung. Ursprünglich zählten die Häuser mit zur Trift. 1893 wurde dann, wie es damals hieß, „der südlichen Triftstraße bis zur Einmündung der Kirchstraße die Bezeichnung Bahnhofstraße" gegeben (CZ 21.1.1893). 1933 wechselte der Name wieder und sie wurde nach dem Reichspräsidenten, der Adolf Hitler gerade zum Reichskanzler ernannt hatte, Hindenburgstraße genannt (CZ 8.4.1933). 1945 kehrte man zum Namen Bahnhofstraße zurück.
Zur Trift gehörte bis 1893 auch der Platz vor dem Bahnhof. „Trift 42" ist denn auch die Adresse für das spätere „Bahnhofshotel", das sich bis zirka 1880 zurückverfolgen lässt. Das Haus steht heute noch, erhielt 1893 die Anschrift „Am Bahnhofe 1" und 1925 die Adresse Trüllerring 1
Quelle: Stadtarchiv 30/217.

Bahnhofshotel

Dieses repräsentative Haus an der Ecke zur Kirchstraße (Bild 3.1) ist um 1880 errichtet worden. 1882 übernahm H. Sasse die Konzession für die früher Hothansche Gast- und Schankwirtschaft, und als „Hotel Sasse" machte es sich einen Namen. Ernst Wallbaum, der es 1890 übernommen hat, nutzte die Lage, um 1891 auch einen Automaten auf der Straße aufzustellen, „welcher nach Einwerfen eines 10-Pfennig-Stücks Kleinigkeiten, Cigaretten, Odeurs pp. zum Vorschein bringt" – 1,80 Meter hoch, 0,49 Meter breit und 0,30 Meter tief war dieser frühe Verkaufsautomat.
Als Hotel hatte das Haus eine gute Lage. Das Fremdenbuch verzeichnete zwischen 1896 und 1899 jährlich 710 bis 1.167 Gäste, Tendenz steigend. Zugleich war es aber auch ein beliebter Treffpunkt in der Stadt. Seit Beginn hatte es zwei Gaststättenräume – einen im

Keller, in den hauptsächlich Arbeiter kamen, und einen im Hochparterre, in dem sich „die besseren und mittleren Stände der Bürger" sowie Reisende trafen, heißt es 1892. Viel Wert legte man auf einen guten Ruf, und so rühmte sich der Wirt 1895 damit, dass auf der Kegelbahn zwei Gesellschaften aktiv sind – eine, in der nur Lehrer Mitglied waren. Außerdem war das Haus damals Stammlokal des Celler Stahlrad-Vereins, eines Fahrradclubs, dem auch der Fabrikant Harry Trüller und sein Vater Carl angehörten.
Zwischen 1890 und 1911 wechselte der Besitzer allerdings relativ häufig (insgesamt sieben Mal), bis mit Alfred Kruse 1911 eine neue, lange Ära begann. Das „Bahnhofshotel Kruse" blieb bis in die Nachkriegszeit eine Institution im Familienbesitz.
Quelle: Stadtarchiv 25H387.

Trüllerring

Die Straße Trüllerring, wie sie bis zum Neubau der Park+Ride-Anlage vor wenigen Jahren bestand, ist selbst erst 1925 angelegt worden. Damals benötigte die Eisenbahn eine Zufahrt zum neuen Eilgüterschuppen, der zwischen der Neustadt-Unterführung und dem großen Eisenbahnwasserturm liegen sollte. Harry Trüller leistete dazu einen nicht unerheblichen Beitrag, kam diese Straße doch auch seiner nahegelegenen Fabrik zugute.
Doch schon vor dem eigentlichen Straßenbau lagen hier zum Bahnhofsplatz hin einige Häuser. Gleich neben dem Bahnhofshotel befand sich in dem kleinen Haus mit dem großen Vorgarten der „Franziskaner-Bräu" (Bild 3.4). Begründet wurde er 1882 vom Restaurateur Friedrich Wilhelm Deichmann, der aber 1893 Haus und Familie verließ und wohl nach Amerika auswanderte. Seine Frau Ida führte das Lokal sehr erfolgreich bis Mitte der 20er Jahre fort und wurde selbst zu einer Legende.
Wenige Jahre vor dem „Franziskaner-Bräu" hatte der „Cigaretten-Fabrikant" August Meyne 1878 im Nachbarhaus – damals Trift 44, dann Trüllerring 5 – eine weitere Gastwirtschaft errichtet, das „Bahnhofs-Restaurant" (Bild 3.5). 1911 übernahm es der Kellner Karl Koller und unter diesem Familien-

3.5 Neben dem „Bahnhofshotel" (links) und dem „Franziskanerbräu" (Mitte) lud auch das „Bahnhofs-Restaurant" (rechts) ein. (Postkarte vor 1925)

3.6 Neben dem ehemaligen „Bahnhofshotel" wurde 1999 eine moderne Park+Ride-Anlage errichtet. Die Gründungsarbeiten gestalteten sich durch die vielen Vorgängerbauten (Bild 1.6) schwierig. (Foto: Enghausen, 2000)

3.7 Bis zur Ecke Kirchstraße stehen hier schon neue Häuser, dahinter sieht man aber noch das alte Altenhäusen. (Postkarte um 1910)

3.8 Blick Richtung Osten in Höhe der Einmündung Altenhäusen (rechts). Vor dem Bau der Straßenbahn (1907) standen auch hier noch Bäume (Bild 3.1), dann endeten die Bäume mit den Triftanlagen. (Postkarte, wohl 1930er Jahre)

namen wurde es noch lange fortgeführt. Als die neue Straße gebaut wurde, nannte er sein Haus in „Restaurant am Trüllerring" um - damals gehörte das Grundstück schon dem Fabrikanten Harry Trüller.

Quellen: Stadtarchiv 30/217, 25H388, 25H389 und Adressbücher

Anfang der Bahnhofstraße

Der Bauboom rund um den Bahnhof am Ende des 19. Jahrhunderts setzte sich auch in der Bahnhofstraße fort. Das Eckhaus zur Kirchstraße, Bahnhofstraße 41A, ist um 1900 noch ein kleines Fachwerkhaus (Bild 3.1 und 3.3) – wenige Jahre später ist hier ein repräsentatives, mehrgeschossiges Wohn- und Geschäftshaus entstanden (Bild 3.7). Daneben haben sich noch heute zwei Häuser aus der ersten Bebauungszeit dieses Gebietes erhalten. Beide überstanden die Bomben 1945, anders als ihre östlichen Nachbarhäuser.

Zu letzteren gehörte das Haus Bahnhofstraße 38, in dem sich bis zur Fertigstellung des neuen Bahnhofs 1922/23 das Bahnhofspostamt befand, sowie daneben, Bahnhofstraße 37A, das mehrgeschossige Wohnhaus, das der bekannte Architekt Otto Haesler hier 1910 errichten ließ. Heute steht hier ein modernes Wohn- und Geschäftshaus: „Das letzte Trümmergrundstück – Gegen Bomben mag es gefeit sein" überschrieb die Zeitung ihren Artikel zum Richtfest 1959 (CZ 1.8.1959).

Quellen: Adressbuch 1922, ArchitekTouren

Professor Wilhelm Bomann

Die Häuser auf der Nordseite der Bahnhofstraße stammen alle erst aus dem Bauboom Ende des 19. Jahrhunderts. Dazu gehörte auch das Eckhaus Bahnhofstraße 42 (links in Bild 3.7), in dem lange Zeit der Gründer des Celler Museums, Professor Wilhelm Bomann (1848-1926), mit seiner Familie lebte. Er war von der Hannoverschen Straße 46 (Bild 7.27) hierher gezogen, als er 1909 die dortige Fabrik verkauft hatte. In der Bahnhofstraße widmete er sich bis zu seinem Tode nur noch der Volkskunde und dem Museum. Bereits 1907 war er für

sein großes Engagement zum Ehrenbürger der Stadt Celle ernannt worden.
Quellen: Adressbücher, 100 Jahre Bomann-Museum

Talamini

Es gehört zu den Besonderheiten Celles, dass sich hier schon früh (1907) ein Italienisches Eiscafé ansiedelte. Alessandro Talamini gründete es in der Innenstadt, Heiliges Kreuz 12/13, aber seine Eisverkäufer waren schnell auch in Neuenhäusen bekannt: Lehrer fürchteten dort bald um die Moral, als zwei Schüler der Volksschule III (im heutigen Gebäude der Berufsschule Bahnhofstraße) für den Erwerb von Eis Diebstähle begingen.
In der stark frequentierten Bahnhofstraße legte Talamini dann auch um 1929 eine „Filiale mit Garten" an (Bild 3.9). Sie entstand im Garten des Hauses Arndstraße 1, als die dortige Firma C. L. Böhmer in Konkurs gegangen war. Um 1932/33 verlegte die Firma Lindemann & Willumeit ihren Hauptsitz mit einer Verkaufsstelle von der Hannoverschen Straße 49 hierher. Der Kaffeegarten bestand aber noch bis Anfang des 2. Weltkrieges weiter – dann aber zwei Grundstücke daneben (Bild 3.10 und Zaun links in Bild 3.8). Nach dem Krieg nutzte ein Gemüsehändler den Kiosk an der Straße, der dann Mitte der 60er Jahre beim Neubau des Kinos an dieser Stelle abgerissen wurde.
Quellen: Adressbücher, Stadtarchiv 25H105, 25G29

3.9 1929 erhielt Alessandro Talamini die Konzession für einen „Kaffeegarten mit Trinkhalle" hier im Garten Arndstraße 1. (Postkarte um 1930)

3.10 Im Garten des Grundstücks Bahnhofstraße 47 bestand „Talaminis Erfrischungsgarten" als Zweigstelle des Hauptgeschäfts bis zum Anfang des Zweiten Weltkriegs. (Postkarte wohl um 1930)

3.11 Jubiläumsfoto am Stammsitz des Eiscafés Talamini am Nordwall. (Postkarte 1930er Jahre)

3.12 Der Gartenbaubetrieb „Orchideen-Wichmann", gegründet 1897, hatte lange seinen Sitz in der Bahnhofstraße. (Foto, wohl 1960er Jahre)

3.13 Blick etwa von der heutigen Fuhsestraße Richtung Bahnhof. Wo links das Backsteinhaus steht (vgl. Bild 13.1), befindet sich heute der Parkplatz der Sparkasse. (Postkarte vor 1907)

Orchideen-Wichmann

1897 wurde im Bereich Bahnhofstraße 33/34 der heute weit über die Stadt hinaus bekannte Gartenbaubetrieb „Wichmann" gegründet. Das Gärtnereigrundstück reichte bis zur Kirchstraße – es war aus kleinen bäuerlichen Hofstellen des ursprünglichen Dorfes Altenhäusen gebildet worden. Das Wohnhaus des Gründers, des Kunst- und Handelsgärtners Heinrich Wichmann, lag an der westlichen Grenze des Gärtnereilandes, Haus Altenhäusen 1. Bekannt ist das Unternehmen heute durch seine Orchideen. Davon war am Anfang noch nicht die Rede. In einer Anzeige in den 20er Jahren wirbt es noch als „Gartenbaubetrieb, Blumenbinderei, Samenhandlung, Landschaftsgärtnerei, Neuanlagen, Nachzeichnung, Massenzucht von Jungpflanzen".
Nach der Firmenüberlieferung zeigte der Sohn des Gründers, Franz Wichmann, 1924 erstes Interesse an Orchideen und importierte Pflanzen aus Südamerika. Er entwickelte das Thema weiter und erkannte dann 1948 die Notwendigkeit, seinen Betrieb auf das Fachgebiet Orchideen zu spezialisieren. Dazu war aber der Bau neuer Gewächshäuser notwendig, denn der größte Teil der Anlagen war 1945 zerstört worden. (CZ 13.2.1996, 28.10.1949) Die Orchideenzucht machte sich auch schnell überregional einen Namen, zum Beispiel auf der ersten Bundesgartenschau 1951 in Hannover. Der Betrieb wuchs immer weiter und baute deshalb in den 60er Jahren einen neuen Standort aus (CZ 4.11.1967). Endgültig wurde der Betrieb 1979/80 nach Groß Hehlen verlegt, wo heute auf über 11.000 Quadratmetern Gewächshausfläche die edlen Pflanzen kultiviert werden und zahlreiche Besucher anlocken.
Bild 3.12 zeigt noch links den 1906 eröffneten, kleinen Blumenladen – Bahnhofstraße 33 – und daneben das alte Fachwerkhaus, das zum Hauptsitz der Familie wurde. Das kleine Fachwerkhaus am rechten Bildrand war noch bis in den Zweiten Weltkrieg ein Café (Café Münstermann). Es kam dann mit zur Gärtnerei und hier entstand 1972 ein moderner Flachbau als Verkaufsgeschäft für die Orchideen (HP 4.5.1972). Nach dem

Fortzug der Gärtnerei war hier unter anderem die erste Geschäftsstelle der „Celler Tafel".

Quellen: Celle die alte Herzogstadt, 16. Orchideenkatalog.

Erste Sparkassenfiliale

Nachdem 1892 die Fuhsestraße als Zufahrt zum neuen Güterbahnhof eingerichtet worden war, dauerte es eine Zeit, bis die Eckgrundstücke zur Bahnhofstraße mit repräsentativen Bauten versehen wurden. 1905 entstand das große Haus auf dem östlichen Eckgrundstück (Nr. 30), das zu den wenigen weitgehend im Original erhaltenen Jugendstilhäusern in Celle zählt (Bild 3.14).
Das zuvor unbebaute Grundstück Bahnhofstraße 30A auf der anderen Seite erhielt um 1920 ein mehrstöckiges Wohn- und Geschäftshaus. Hier wurde 1929 die erste Zweigstelle der Städtischen Sparkasse Celle eingerichtet. Sie ist „besonders günstig gelegen zum Hauptbahnhof sowie zu den Neubaugebieten der früheren Heese, am Güterbahnhof und des Wietzenbruch," heißt es in der Eröffnungsanzeige (CZ 8. 6. 1929). Erster Zweigstellenleiter wurde Friedrich Keuntje, der spätere Leiter der Städtischen Sparkasse (CZ 2. 8. 1969). Bis zur grundlegenden Sanierung des Hauses um 1964 teilte man sich das Erdgeschoss des Hauses mit einen weiteren Geschäft, danach nutzte man es allein. (CZ 12. 9. 1964).

Quellen: Adressbücher, Baudenkmale.

Zwischen Fuhse- und Breite Straße

Während die beiden Eckhäuser die damals aufstrebende, moderne Bahnhofstraße kennzeichnen, hielt sich daneben – zum Teil bis heute – noch ein Stück altes Neuenhäusen: Links im Bild 3.14 sieht man den Rauch der Bäckerei Kiesewetter, später Schulze, über dem damals kleinen Haus Nr. 29. Kiesewetter ließ 1906 ebenfalls mit Jugendstilornamenten das jetzige Haus errichten.
Bild 3.15 zeigt die Häuser Nr. 28, 27, 26 und so weiter. Die ersten vier Häuser blieben bis heute erhalten, wobei sich durch den Einzug von Geschäften Veränderungen

3.14 Blick zur Fuhsestraße. Das große Eckhaus, gebaut 1905, gehört zu den wenigen Jugendstil-Häusern in Celle. (Foto 1905/06, Postkarte)

3.15 Östlich des Jugendstil-Eckhauses ist ein Stück ursprüngliches Neuenhäusen zu sehen, von dem sich noch einiges erhalten hat. (Aufnahme A. H. Oetling vor 1905, Foto: Bomann-Museum)

3.16 Im zweiten Haus von rechts (Bahnhofstr. 20) befand sich bis zum Neubau der Hauszeile in den 70er Jahren der „Bäcker-Einkauf". (Postkarte vor 1907)

3.17 Blick von der Bahnhofstraße 17 Richtung Osten. Das mittlere Haus (Nr. 14a) wurde bis in die 70er Jahre vom Staatlichen Wasser- und Schifffahrtsamt genutzt und ist seit 1981 Kindertagesstätte. (Postkarte 20er/30er Jahre)

(z.B. Schaufenster) ergaben. Fahrrad-Jacoby zog um 1937 in Nr. 27. Die ehemalige „Bahnhofs-Drogerie Zimmermann", die sich bis dahin mit der Sparkasse die Geschäftsräume im Haus Nr. 30A teilte, zog Ende der 30er Jahre in das Backsteinhaus Nr. 25.
Bild 3.15 zeigt daneben ein kleines Fachwerkhaus – Nr. 24. Hier lebte seit etwa 1892 der Friseurmeister Friedrich Rabald, dessen Frau Louise, geb. Hellmann aus der Breiten Straße, als Damenfriseurin eine wichtige Rolle auch für ihr Handwerk in Celle spielte. 1905 ließ das Ehepaar hier ein „dreistöckiges Mietshaus mit drei Läden" errichten (CZ 1.7.1937). Im Volksmund werden die vier Mädchenköpfe, die als Reliefs die Hausfassade zieren, mit den Töchtern der Familie in Verbindung gebracht.

Quellen: Adressbücher, Baudenkmale.

Carla Meyer-Rasch

„Alte Häuser erzählen" - unter diesem Titel erschienen von 1936 bis 1974 drei Bände, in denen Carla Meyer-Rasch (1885 - 1977) der Geschichte einzelner Häuser in Celle nachgeht – davon über 15 auch im Stadtteil Neuenhäusen. Sie lebte selbst in einem solchen historischen Haus, das ihr Vater, Justizrat Dr. Gustav Meyer, 1888 erworben hatte – ihre Mutter war die Tochter des Lüneburger Landgerichtsrates Julius Rasch, und damit erklärt sich auch der Doppelname.
Entstanden ist das Haus Bahnhofstraße 13, wie sie berichtet, vor 1706 als ein typisches barockes Adelshaus. Erster Bewohner soll der spätere General der Kavallerie Jacques d'Amproux du Pontpiétin gewesen sein.
Dieses große Haus bot Carla Meyer-Rasch dann auch Platz, eine große Zahl historischer Kleidungsstücke zu sammeln, die sie seit den 1960er Jahren einer interessierten Öffentlichkeit zugänglich machte. Die „Modegeschichtlichen Sammlungen aus zwei Jahrhunderten" fanden 1973 auch das Interesse des Fernsehens (CZ 31.10.1973).
Durch die sogenannten „Modespiele" war einiges aber auch schon vorher in der Öffentlichkeit zu sehen. Am 19. November 1931 gestaltete sie zum ersten Mal, damals in der Union, eine historische Modeschau. Mit dem Bomann-Museum und dem Celler

Verband „Frauenkultur" veranstaltete sie bis 1934 mehrere solcher „bühnenmäßig gestalteten historischen Modeschauen", die auch überregional Interesse fanden (CZ 27.1.1942). Zum 650. Stadtjubiläum, das durch den Krieg nur verhalten gefeiert wurde, brachte sie diese erstmals im Schlosstheater auf die Bühne. Eine regelmäßige Fortsetzung fanden diese Modespiele im Theater ab 1949 (CZ 3.11.1950). Dabei schrieb Carla Meyer-Rasch nach historischen Vorlagen die Szenen und Texte für die Laiendarsteller und sprach selbst auf der Bühne – auch noch 1965 mit fast 80 Jahren. Höhepunkt soll 1955 ein Modespiel gewesen sein, das Szenen aus dem Leben Albrecht Thaers darstellte.
1973 wurde Carla Meyer-Rasch zur Ehrenbürgerin der Stadt ernannt. Vier Jahre später starb sie im Alter von 91 Jahren und wurde auf den Neuenhäuser Friedhof begraben (CZ 20.10.1973, 21.9./19.10.1985).

Quellen: Hugenotten in Celle, Baudenkmale, Carla Meyer-Rasch Bd. 1

Brot und Musik

Im väterlichen Betrieb in der Bahnhofstraße 11a lernte auch der Fabrikant Harry Trüller sein Handwerk. Die Bäckerei und Konditorei seines Vaters Carl Trüller lässt sich an dieser Stelle in den Adressbüchern seit 1882 (bis 1898) nachweisen, dann entwickelte sich hier ein bekannter Veranstaltungsort.
Dies begann insbesondere 1903 mit Theodor Göbert – für „Göbert's Diele" mit „Künstlerkonzert" warb er beispielsweise 1919 in den Adressbüchern. Als Lokal wurden ursprünglich (1898 Adalbert Stein „Café Stein", 1901 Theodor Meyer und 1902 Wilhelm Koller) nur die beiden vorderen Räume genutzt. Göbert (ab 1903) erweiterte die Räume nach hinten und stellte auch einen Musikautomaten auf.
Nach dem Konditor Karl Zimmermann (1920) und nach dem Mühlenbesitzer August Pook – „Restaurant Zur Mühle" – startete Willi Wienecke ab 1923 den „Handelshof". Unter ihm wurde der große Saal gebaut, in dem neben Konzerten (auch Jazz!) ab 1928 auch – wie es im Amtsdeutsch hieß – „gewerbsmäßig Singspiele, Gesangs-

3.18 Das Haus Bahnhofstraße 13 ist nun rund 300 Jahre alt. Prominenteste Bewohnerin war Carla Meyer-Rasch, 1885-1977. (Foto: Stadtarchiv, vor 1950)

3.19 Gratulation für Carla Meyer-Rasch 1965 durch Oberbürgermeister Dr. Kurt Blanke, Oberstadtdirektor Erich Eichelberg und Kulturdezernent Dieter-Jürgen Leister. (Aufnahme Röhrssen, Foto: Stadtarchiv)

3.20 Das Eckhaus Breite Straße/Bahnhofstraße – hier noch als Bäckerei von Carl Trüller. (Postkarte vor 1898)

3.21 Anzeige im Celler Adressbuch von 1888. In Aufzeichnungen zur Gründungsgeschichte seiner bekannten Celler Fabrik erinnert sich Harry Trüller später an seine Lehre im väterlichen Betrieb Bahnhofstraße 11A: „In der Bäckerei meines Vaters ..., die damals wohl die beste und größte in Celle war, wurde neben Brot- und Weißbrot-Bäckerei in großem Umfange auch Konditorei betrieben, besonders aber auch die Herstellung von Kommissbrot für die Königliche Strafanstalt." (CZ 17.8.1934)

3.22 Blick in das Lokal „Handelshof", das ab 1923 auch mit Jazzkonzerten zu den beliebten Veranstaltungsorten in Celle gehörte. Dazu hatte Willy Wienecke an der Breiten Straße den großen Saal anbauen lassen. (Postkarte vor 1925)

3.23 Inhaber Willy Wienecke annoncierte 1925 im Celler Adressbuch.

3.25 „Viel Freud und Spaß bei Maxl Haas“ hieß es auch beim Fasching.

3.24 Das „Zillertal“ (ab 1950) gehörte zu den bekanntesten Veranstaltungsorten der Nachkriegszeit. (Postkarte um 1950)

3.26 Heinz Mietzner dirigiert die Bayernkapelle im „Zillertal“. (Privatfotos 1960er Jahre)

und deklamatorische Vorträge, ohne das ein höheres Interesse der Kunst und Wissenschaft dabei obwaltet“, stattfanden. Und wenig später durfte das Publikum auch tanzen.

1934 übernahm Richard Weber den „Handelshof“ und führte ihn bis zur Beschlagnahme durch die Engländer am 1. Juli 1945. Als diese die Räume zum 1. Februar 1947 wieder freigaben (sie besaßen dabei 250 Sitzplätze in Reihen), installierte Heinz August Kehne hier die „Konti-Kleinkunstbühne“, die namhafte Künstler nach Celle brachte.

Im Dezember 1948 wurde das Haus als Flüchtlingsquartier gebraucht, dann konnte zum 1. Juli 1949 Max Haas die Räume pachten und mit dem „Zillertal“ die Musik-Tradition fortführen. Diese blieb auch später mit neuen Namen und Besitzern mit dem Haus verbunden – z.B. im „Joke“ und „Pop“ ab 1967.

Quellen: Celle die alte Herzogstadt, Stadtarchiv Celle 2H107

Das Straßenbild ändert sich

Bis etwa 1907 war die Bahnhofstraße von der Fuhsestraße bis zum Bahnhofsplatz beidseitig von Bäumen gesäumt (Bild 3.13), während sie nach Osten auf der einen Seite durch das Grün der Triftanlagen und auf der anderen durch das Grün der Vorgärten (Bild 3.35) gesäumt wurde. Für die Anlage der Straßenbahn – hier fuhren zwischen 1907 und 1956 beide Linien der Straßenbahn aus dem Hehlentorgebiet und der Blumlage zum Bahnhof/Neustädter Holz – brauchte man mehr Platz. Auch der übrige Verkehr forderte seinen Tribut. Zur Verbreiterung der Straße wurden beispielsweise 1929 von der Stadt 14 Vorgärten aufgekauft. Heute gibt es nur noch am Haus Nr. 13 (Bild 3.18) einen kleinen Restgarten an der Straße.

Bereits 1912 war zur Verbreiterung des Fußwegs der Vorgarten am Eckhaus Bahnhof-/Breite Straße gepflastert und seine Zierbäume in die Trift-

3.27 Mit der „Schloß-Apotheke" – Start im Eckhaus zur Breiten Straße – erhielt Celle um 1898 seine dritte Apotheke. (Postkarte vor 1914)

3.28 Das Backsteingebäude wurde 1890 als „Volksschule III" der Stadt („Triftschule") errichtet. 1927 wurden hier Gewerbe- und Handelsschule zur heutigen Berufsschule zusammengelegt. (Foto um 1935)

anlagen verpflanzt worden. In diesem Haus war um 1898 (Adressbuch) die damals dritte Apotheke im Stadtgebiet entstanden (Bild 3.27). Das Fachwerkhaus selbst gehört mit zu den ältesten in Neuenhäusen. Es entstand um 1696. Davor befand sich in diesem Bereich bis 1680 mit dem herzoglichen Vorwerk ein landwirtschaftlicher Betrieb.

Quelle: Stadtarchiv 30/111, Baudenkmale

Grün in die Bahnhofstraße

Tatsächliche überrollte der zunehmende Verkehr die Straße. Regierungsbaurat Jürgens vom Preußischen Wasserbauamt Celle beschrieb die Lage vor dem Sitz seines Amtes – damals Bahnhofstraße 14a – 1930 sehr plastisch: „Da der Straße jeder Unterbau fehlt, werden die Stöße, welche durch Lastautos und sonstige schwere Fuhrwerke verursacht werden, unmittelbar auf das anliegende Gebäude übertragen. Daß der Verkehr in der Bahnhofstraße recht lebhaft ist und dauernd zunimmt, dürfte dort bekannt sein. Bei Anfertigung von Zeichnungen und Kartierungen muß die Arbeit oft unterbrochen werden bis die Erschütterungen aufhören. Telefongespräche sind mitunter kaum verständlich und müssen oft unterbrochen bzw. wiederholt werden."

„Grau raus – Grün rein?" hieß dann die Schlagzeile, mit der der bislang letzte Umbau des Straßenraumes Ende der 1980er Jahre eingeleitet wurde (CZ 23.3.1988, 5.12.1988). Damit sollten die eigentlichen Funktionen dieser Straße gegenüber dem Durchgangsverkehr wieder mehr Raum erhalten.

Quelle: Stadtarchiv 30/111

Von der Volks- zur Berufsschule

Es gehörte zur Tradition der Celler Vorstädte, dass sie sich um die Grundbildung der Kinder kümmerten. Als die Zahl der Schüler und Schülerinnen am Ende des 19. Jahrhunderts immer weiter wuchs, musste man auch in Neuenhäusen an einen größeren Schulneubau denken. So entstand 1890 (Einweihung 13.10) das Backsteingebäude in der Bahnhofstraße 10 für die sogenannte „Triftschule" – Bild 3.27 und als Berufs-

schule später Bild 3.28. Diese „Volksschule III" der Stadt Celle (für Neuenhäusen/Altstadt) entstand etwa zeitgleich mit der „Volksschule I" (Blumlage, 1888), der „Volksschule II" (Hehlentor, 1872) und der „Volksschule IV" (Neustadt und Altenhäusen, 1885/87).
Schon bald musste an der Bahnhofstraße wieder gebaut werden. Als sich in den 1920er Jahren durch weiter steigende Schülerzahlen die Raumprobleme drastisch verschlechterten, entschloss man sich zu einem Neubau: 1928 konnte das damals ganz moderne Gebäude der heutigen „Altstädter Schule" an der Sägemühlenstraße seinen Betrieb aufnehmen (Bild 8.25-28).
In dem Gebäude an der Bahnhofstraße konnte zum 1. Dezember 1928 nach einem Um- und Ausbau das neue Domizil der Berufs- und Handelsschule eingeweiht werden (CZ 3.11.1931). Der Umzug fiel in eine Zeit, in der sich die Einrichtung von einer Fortbildungs- zur Berufsschule mit festen Lehrkräften wandelte. Im neuen Haus an der Bahnhofstraße begann man mit sieben Unterrichtsräumen, einer Metallwerkstatt und einem Schreibmaschinenraum sowie Lehrer-, Direktor- und Geschäftszimmer und einem Aufenthaltsraum. 888 Schüler/-innen besuchten hier 1929 den Unterricht.
Der Raumbedarf stieg aber bald. Schon 1929 erwarb man das Nachbargrundstück Nr. 9 von den Strahlenheimschen Erben. 1935 wurden zwei Baracken auf dem Schulhof errichtet. 1937 erfolgte der große An- und Umbau, bei dem das alte Volksschulgebäude hinter einer modernen Fassade verschwand, aber bestehen blieb und erweitert wurde. Ein für 1938 geplanter weiterer großer Bau unterblieb, weil die wichtigsten Baumaterialien für die Kriegsvorbereitung (z.B. Bau des Westwalls) abgezogen wurden.
Im Krieg wurde das Schulgebäude teilweise als Lazarett benutzt, nach dem Krieg als „KZ-Lazarett". Für die Berufsschule stand nach dem Krieg zunächst nur das Haus Nr. 9 zur Verfügung, das man dann 1949 und 1950 an das Wirtschafts- und Ernährungsamt abtreten musste.
1955 erfolgte die räumliche Trennung der kaufmännischen (Carstensstraße) und der gewerblichen Berufe. Letztere blieben in der

3.29 1936 erhielt die Berufsschule einen ersten größeren Anbau (links). Das alte Backsteingebäude blieb dabei erhalten. (Foto: Stadtarchiv, 1936)

3.30 Dabei wurde vor das alte Gebäudes eine neue Fassade gesetzt, so dass Alt- und Neubau wie eine Einheit wirken. Ein weiterer Anbau, bei dem auch der Eingang verlegt wurde, erfolgte 1959. (Foto: Stadtarchiv, 1936)

3.31 1685 für den Kammerrat von Ramdohr errichtet, blieb das „von Strahlenheim"-Palais bis 1958 erhalten. (Foto um 1958, Stadtarchiv)

3.32 Das alte Haus Bahnhofstraße 8 steht noch heute, nun aber im Erdgeschoss mit einer Schaufensterfassade versehen, die 1955 auch eine optische Verbindung mit dem Haus Nr. 7 schuf. (Foto vor 1937, Bomann-Museum)

Bahnhofstraße und erhielten 1959 einen Erweiterungsbau – den heutigen Ostflügel. Dazu war ein Jahr zuvor das Nachbarhaus (Nr. 9) wegen Baufälligkeit abgerissen worden (CZ 21.5.1958, HP 15.7.1959).
Im weiteren Verlauf wurden die gewerblichen (Neubau Lönsweg) und die hauswirtschaftlichen Berufe räumlich getrennt. 1979 erhielt die Schule in der Bahnhofstraße den heutigen Namen „Berufsbildende Schule III". Ihre vielseitigen Aufgaben erforderten in den 90er Jahren dann einen erneuten großen Anbau auf dem bisherigen Schulhofsgelände.

Quellen: Cassel Bd.2, CZ 24. und 29.10.1930, Klütz, 6. und 7. Verwaltungsbericht.

Alte Palais

Die Bahnhofstraße gehörte zwischen Thaerplatz und der Breiten Straße zu den „wichtigsten Wohnstraßen des Celler Hofadels nach 1680" (Fischer, S. 77). Repräsentative Gebäude für Hofbeamte aus der Zeit um 1700, als der Stadtteil zu einer Neustadt ausgebaut wurde, prägten hier das Bild mit den Häusern Bahnhofstraße 1, 3 bis 11 und 13.
Viele, aber nicht alle blieben bis heute erhalten. Schon 1890 wurde für den Neubau der Volksschule das 1684 errichtete Haus Nr. 10 abgerissen. 1958 verschwand das nach seinem letzten Besitzer „von Strahlenheimsche Haus" genanntes Palais (Bild 3.31), das 1685 für den Kammerrat von Ramdohr errichtet worden war. Bild 3.33 zeigt letzteres am rechten Bildrand, neben zwei heute noch erhaltenen Palais.
Stark verändert präsentiert sich heute das Haus Nr. 8 (Bild 3.32), das ältere Celler noch als Sitz des Kurz-, Galanterie- und Spielwarengeschäfts Ehlers kennen, das von 1861 bis etwa 1950 von den Familien Ehlers, dann Wemmel geführt wurde. (CZ 10.10.1930 und 8./15.7.1972). 1955 erhielt das 1684 für Stechinelli errichtete Gebäude die jetzige modernere Fassade im Erdgeschoss, als das Möbelhaus Goldberg es mit dem Haus Nr. 7 zu einer etwa 50 Meter langen Schaufensterfront verband (CZ 22.11.1955).
Der Tischlermeister Ernst Goldberg hatte 1896 seinen Betrieb in der Innenstadt eröff-

3.33 Die Häuser Bahnhofstraße 7 bis 9 in einer Darstellung um 1850, die noch den alten Charakter der Palais zeigt. (Foto: Stadtarchiv)

net, aber schon 1913 das Haus Bahnhofstraße 7 erworben – nach Carla Meyer-Rasch ein Bau aus dem Jahr 1787, der einen Vorgängerbau ersetzte.
Quelle: Baudenkmale

Präsidentenhaus

Als das Möbelhaus Goldberg 1996 sein 100-jähriges Bestehen feierte, gehörte mittlerweile auch das Haus Nr. 6 mit zum Unternehmen. Errichtet wurde es 1684 für den Offizier Jerome de Courgellon, den damaligen Kommandanten der Leibwache des Herzogs. 1892 erwarb es die Justiz und nutzte es bis 1945 als „Präsidentenhaus", als Wohnhaus für den Oberlandesgerichts-Präsidenten. 1945 residierte hier der britische Townmajor mit seinem Stab. Ab 1951 nutzten es verschiedene Justizbehörden. (CZ 15.1.1972)
„Allein der Holzbock wohnt im Präsidentenpalais" hieß es in der CZ am 7.8.1976, und dies wies auf den sehr hohen Sanierungsbedarf, der 1971 zum Auszug der Staatsanwaltschaft aus dem Gebäude geführt hatte.

3.34 Im „Präsidentenhaus" wohnte von 1892 bis 1945 der jeweilige Oberlandesgerichtspräsident. Errichtet wurde das Haus 1684 für Jerome de Courgellon. (Foto: Stadtarchiv, vor 1937)

3.35 Blick vom Thaerplatz nach Westen vor dem Bau des Reichsbankgebäudes, an dessen Stelle (3. Haus) noch ein barockes Haus steht. (Postkarte vor 1904)

3.36 1904 wurde das Haus Bahnhofstaße 5 (links) für die Reichsbank-Nebenstelle Celle errichtet. Auch zu diesem Neubau gehörte, wie bei den Nachbarhäusern damals noch üblich, ein Vorgarten. (Postkarte vor 1907)

Lange und mit wechselndem Glück, schließlich aber doch mit Erfolg bemühte man sich unterstützt von der Öffentlichkeit (CZ 5.1.1978), das Gebäude zu erhalten.
Dass in diesen Häusern einstmals sehr vornehme Familien lebten, zeigt auch ein Fund bei Bauarbeiten am Haus Bahnhofstraße 1: 1960 stieß man hier auf eine Abfallgrube aus der Zeit um 1800 mit Rind- und Geflügelknochen, vor allem aber einer ganzen Schicht Austernschalen (CZ 7.10.1960 – auf die Verlagsgebäude der Celleschen Zeitung wird im Kapitel Thaerplatz eingegangen.)

Quellen: Baudenkmale

„Neue Weserrenaissance"

Auch auf dem Grundstück Bahnhofstraße 5 stand ursprünglich ein Hofbeamtenhaus aus der Zeit um 1700. Es verschwand, als 1904 der Neubau für die Reichsbank-Nebenstelle errichtet wurde. 1889 kam diese oberste Bankinstitution mit einer Nebenstelle nach Celle. Der erste Sitz befand sich am Südwall. Nach einem Umzug in derselben Straße entstand der Neubau in der Bahnhofstraße. Er ist ein Beispiel für den Baustil des Historismus, der in der damaligen Zeit bewusst alte Stile neu interpretierte – in diesem Fall die Weserrenaissance. Die Nebenstelle der Reichsbank und dann ab 1949 die der Landeszentralbank nutzten dies Gebäude bis zum Neubau des jetzigen Bankgebäudes am Herzog-Ernst-Ring (Grundsteinlegung CZ 20.5.1987).

Quellen: Baudenkmale, Adressbücher

Zwischen Trift und Aller

4.3 Blick in die Trift Richtung Westen – der Standpunkt befindet sich etwa in Höhe des Hauses Trift 38. (Postkarte vor 1916)

4.4 Die Mühlenstraße – hier von der Trift aus gesehen – war noch bis Mitte der 1930er Jahre von Bäumen gesäumt. Rechts das Eckhaus Mühlenstraße 26, das Haus daneben errichtete der Architekt Otto Haesler 1911. (Postkarte vor 1920)

Bilder auf der vorigen Seite:
4.1 Blick wohl aus dem Haus Bahnhofstraße 9 zum Schloss. Im Garten der Mühlenstraße 1 (heute bebautes Eckgrundstück) sieht man hier noch einen Pavillon. (Aufnahme: A.H. Oetling, Celle – Foto: Bomann-Museum, wohl Anfang des 20. Jahrhunderts)
4.2 Die Trift am Thaerplatz. (Postkarte 1908)

Die Trift

„Der Weg nach der Neustat oder die sogenannte Trifft" (Zitat von 1726) bezeichnet gleich zwei heutige Straßen: die Trift und die Bahnhofstraße. Dazwischen lag eine Senke, die des öfteren von Hochwasser betroffen war. Mit dem Namen Trift/Drift wird sie als ein Gelände bezeichnet, durch das Vieh getrieben wird – und entsprechend sah es aus. Erst als sie 1833 aufhörte, Pferdeweide der Altenhäuser und Durchtrift für das im Wietzenbruch weidende Celler Vieh zu sein, war an eine parkähnliche Anlage zu denken. Als Teil der Landstraße nach Nienburg hatte die gesamte Trift früh eine überregionale Bedeutung – was heute für die Bahnhofstraße im Zuge der B 214 weiter gilt. Und so sind schon Ende des 17. Jahrhunderts auch Arbeiten zur „Bepflasterung der Trifft" (1693) nachweisbar. Doch die Unterhaltung der Wege bereitete bei dem starken Verkehr auch Probleme. Reparaturen für drei besonders schlechte Stellen, die die dänische Königin Caroline Mathilde bei ihren Spazierfahrten in Celle passieren musste, mahnte 1774 der Oberstallmeister an: „vor dem Groteschen Haus" (Bahnhofstraße 1), „den Weg nach den Speichern" (die spätere Speicherstraße) und – im Hehlentorgebiet – den Weg zum „Prinzen Garten".

Quellen: Cassel Bd.2, Stadtarchiv 23N3, Celler Flurnamenbuch, Ricklefs (Celler Chronik I)

Holzhof und Hutmanufaktur

Der Plan von 1680 für das Neustadt-Projekt zeigt noch für den heutigen Abschnitt der Trift zwischen Magnusgraben und Mühlenstraße zwei ältere Einrichtungen für den

Celler Hof – den herzoglichen Zimmerhof und den Holzhof. Doch auch hier gibt es heute in der Trift alte Häuser (Bild 4.3).
Das vielleicht älteste davon sieht am jüngsten aus: Das Gebäude Trift 34 entstand 1685 als Fachwerkhaus und erhielt um 1830 seine heutige klassizistische Fassade. Zu seinen namhaften Bewohnern gehörte auch von etwa 1877 bis 1898 der Bankier Adolf Levy, Mitinhaber des damals bedeutenden Celler Bankhauses „David Daniel".
Zu den stadtgeschichtlich interessanten Gebäuden zählen auch die Häuser Trift 32 und Mühlenstraße 26 (Bild 4.1). Hierher verlegte Gaspard Gabain 1763 die von seinem Vater Pierre Gabain 1719/1725 in der Ohagenstraße 8-9 gegründete Hutmanufaktur. 1761 hatte er die Grundstücke erworben, auf denen noch alte Ställe für die herzoglichen Parforcepferde standen. Er errichtete dann das große Wohnhaus an der Trift mit einem Nebengebäude zur Mühlenstraße – letzteres wurde um 1792 noch ausgebaut. Die Hutmanufaktur Gabain, die bis 1817 bestand, war der erfolgreichste Gewerbebetrieb, der in Celle von einer hugenottischen Familie betrieben wurde.

Quellen: Baudenkmale, Jüdische Spuren, Adressbücher, Hugenotten in Celle, E. Fischer.

Ein alter Posthof

Heute ist die Mühlenstraße eine der Hauptverkehrsstraßen in Celle – und entsprechend breit ausgebaut. Ursprünglich ging jedoch der Hauptverkehr durch die Innenstadt, und erst im vorigen Jahrhundert – insbesondere Ende der 1950er Jahre – änderte sich das grundlegend (HP 5./6.10.1957). Noch bis 1913 machte beispielsweise die Straße vor dem späteren „Behördenhaus" (Nr. 7) einen scharfen Knick und erst danach wurde daraus eine verkehrsgerechtere Kurve.
Bild 4.4 zeigt die Mühlenstraße in ihrem östlichen Teil noch als baumbestandene Allee zu Anfang des vorigen Jahrhunderts. Links ist im Vordergrund der alte Stechinellische Posthof zu sehen (auch Bild 4.6), der 1982 trotz Protesten abgerissen wurde, weil er, wie es hieß, einer damals angedachten weiteren Verbreiterung der Straße im Weg stand (CZ 15.3.1982).

4.5 Bis Mitte der 1930er Jahre das Eckhaus Trift 31a entstand, zierte dieser Pavillon den Eingang zur Mühlenstraße. (Foto um 1925, Stadtarchiv)

4.6 Garten und Pavillon gehörten zu diesem Haus Mühlenstraße 1, das aus dem 17. Jahrhundert stammte und in seiner ersten Zeit einmal unter Stechinelli als Posthof diente. (Foto: Stadtarchiv, vor dem Abriss 1982)

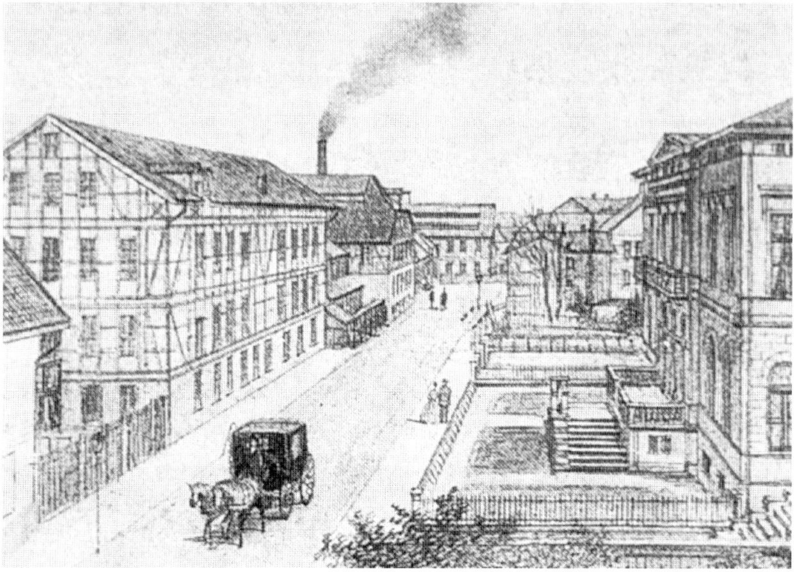

4.7 Die Capellesche Tuchfabrik, rechts die Fabrikantenvilla Mühlenstraße 24. (Aus „Panorama von Celle", Lithographie F.G. Müller um 1866, Bomann-Museum)

4.8 Dieselbe Situation aus anderer Perspektive einige Jahrzehnte später, als hier – von 1874 bis 1935 – ein Zweigwerk der Lachendorfer Papierfabrik bestand. (Aus dem Briefkopf der Papierfabrik Drewsen um 1890)

Das Gebäude war 1677/1680 errichtet worden und diente bis 1721 als „Posthof am Mühlenkolke" – bei der Klickmühle. Eingerichtet hat es Francesco Capellini Stechinelli vor 1698 als Relaisstation zum Pferdewechsel für Postkutschen.

Im 19. Jahrhundert spielte das Haus in der Kreisverwaltung eine Rolle. 1859 zog hier die Königliche Polizeidirektion für Stadt und Amt Celle ein, und seit 1872 wohnten hier auch der Kreishauptmann Dr. von Arnim und dann sein Nachfolger Maximilian von Frank (seit 1885 Landrat). Erst der folgende Landrat (nach 1894) bezog eine Dienstwohnung auf dem jetzigen Kreishausgelände (Trift 24).

Quellen: Stadtarchiv 30/73, Ricklefs (Celler Chronik I)

Von der Klickmühle zum „Behördenhaus"

In ihrem Ostteil war die Mühlenstraße einst ein richtiges Gewerbegebiet, in dessen Mittelpunkt die „Klickmühle" an der heutigen Brücke über den Magnusgraben stand. Erstmals erwähnt wird diese Wassermühle im Jahr 1536, sie dürfte aber wesentlich älter sein. Sie diente nicht nur zum Kornmahlen, sondern dazu gehörte auch eine „Bohrmühle" – in der auch die Holzrohre der Wasserkunst ausgehöhlt wurden – und eine Sägemühle.

1847 wurde sie Ansatzpunkt für eine große Tuchfabrik, die ein Jahr später der Fabrikant Carl Capelle erfolgreich ausbaute (Bild 4.7). Um 1872 ging die Capellesche Tuchfabrik jedoch ein und die Familie Drewsen ersteigerte 1874 das Anwesen für ihre Lachendorfer Papierfabrik. Zwischen 1877 und 1935 arbeiteten hier zeitweise über 100 Menschen in dem Zweigwerk der Papierfabrik.

Von den Gebäuden, die der Firmenbriefkopf um 1890 zeigt (Bild 4.8.), steht heute nur noch die ehemalige Villa (Mühlenstraße 24 – nach der Versteigerungsanzeige von 1874 „im griechischen Stil" gebaut). Denn auf dem Fabrikgelände wurde 1938 das "Staatliche Behördenhaus" erbaut.

Gegenüber das Haus Nummer 23 am Magnusgraben hat auch eine interessante Geschichte. Herzog Georg Wilhelm verschenkte dieses Gelände, das bis zum

4.9 Das Gebäude der ehemaligen Entbindungs- und Hebammenlehranstalt – heute Sitz des Amtsgerichts. (Postkarte vor 1914)

Schlossgraben reichte, an seinen unehelichen Sohn, Lucas de Bucco. 1770 erwarb es einer der bedeutendsten Pastoren der Französisch-reformierten Gemeinde, Jacques Emanuel Roques de Maumont, der hier ein neues Haus bauen lies. Das große Gartengrundstück wurde später geteilt: Zu seiner Erschließung wurde 1899 die Parkstraße (heute Lenthestraße) angelegt.

Quellen: Borstelmann, Cassel Bd.1/2, Moeck, Ricklefs (Celler Chronik I), Hugenotten in Celle, Carla Meyer-Rasch Bd.1, Stadtarchiv Celle 8A30.

Hebammenlehranstalt und Amtsgericht

Die Krone des Hannoverschen Königs Georg V. ziert den Giebel des Hauses Mühlenstraße 8. 1784 war in Celle eine Entbindungsanstalt mit Hebammenschule und eine Chirurgische Lehranstalt gegründet worden, für die 1855-57 ein Neubau in der Mühlenstraße im Stile der Neoromantik errichtet wurde. Mehrmals wurde der Gebäudekomplex für die Landesfrauenklinik erweitert, bis diese Aufgaben um 1980 dem Allgemeinen Krankenhaus zugeordnet wurde. In die Mühlenstraße 8 zog 1981 das Amtsgericht Celle.
Etwas daneben (Mühlenstraße 9) liegt ein Haus aus der Zeit um 1700, das 1967 vor dem Abbruch gerettet werden konnte (CZ 21.11.1967, HP 25.11.1967). Auch die weiteren Gebäude der Mühlenstraße bis zur Ratsmühle gehören zu Neuenhäusen – im 19. Jahrhundert zählten sogar Schloss und Oberlandesgerichtsgebäude mit dazu.

Quellen:
Cassel Bd. 2, Baudenkmale, Adressbücher.

4.11 Blick aus der Mühlenstraße auf die Trift wohl in der Mitte der 19. Jahrhunderts, als es noch keine Parkanlagen gab. (Repro: Stadtarchiv)

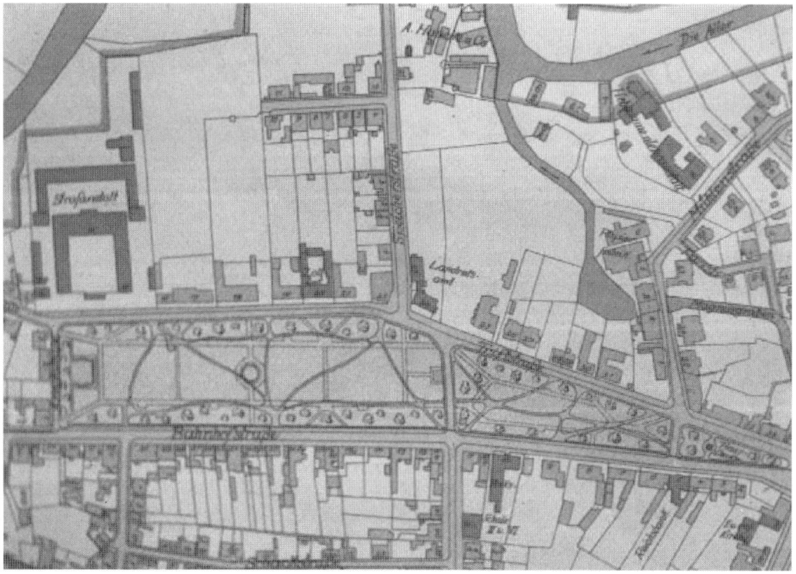

4.12 Der Stadtplan aus dem Jahre 1925 zeigt noch das frühere, geschwungene Wegesystem in den Triftanlagen und auch eine strengere, rechtwinklige Gliederung. (Karte: Stadtarchiv)

4.10 Ursprüngliche Version des Schäferbrunnens. (Foto 30er Jahre)

Die Triftanlagen

Als öde, von Wegspuren durchzogene Fläche mit zwei Tümpeln und zwei Ziehbrunnen wird die Trift noch um 1820 dargestellt – Bäume gab es nur in den zahlreichen Vorgärten (Bild 4.11). Um diese Zeit etwa entstand der befestigte Fahrweg für die heutige Bahnhofstraße, und es gab Ideen für zwei Querstraßen: die heutige Arndstraße und eine Verlängerung der Breiten Straße.
An Parkanlagen konnte man erst denken, als der Viehtrieb hier verboten wurde. Ein kleiner Anfang wurde 1842 mit einer Lotterie gemacht, doch erst der Bau der Eisenbahn brachte neue Impulse. Um 1845 wurden beispielsweise die Straße Trift und die (spätere) Bahnhofstraße mit Baumreihen ausgestattet. 1863 wurde der Platz für ein Fest zum 50. Jahrestages der Völkerschlacht von Leipzig hergerichtet (CZ 18.10.1933). Eine noch weitergehende Parkgestaltung entstand mit den Planungen für die Aufstellung eines Thaerdenkmals (Bild 4.14) seit 1873.
Wohl Ende des 19. Jahrhunderts entstand die geschwungene Wegeführung, wie sie

noch auf dem Stadtplan von 1925 (Bild 4.12) zu sehen ist. Als man Mitte der 30er Jahre an neue Planungen ging, war durch zwei neue Denkmale eine bestimmte Blickachse vorgegeben, die zu einem rechtwinkligen Wegesystem führte: 1930 war ein Denkmal für Gefallene des Reserve-Infanterie-Regiments 232 errichtet worden (1954 mit einem Gedenkstein für die Toten des Zweiten Weltkriegs ergänzt) und 1927 war der Schäferbrunnen – gestiftet 1912 von Senator Albert Haacke – von der Stechbahn hierher versetzt worden (CZ 17.12.1955).
1946 wurden wegen der Nahrungsmittelprobleme in den Triftanlagen zeitweise Nutzgärten angelegt. Als man in den 1950er Jahren erneut an die Parkgestaltung ging, entstanden die Beetflächen an der Nordseite. Nach 1945 errichtete man auch die Gedenksteine für die Gefallenen aus Marienwerder und dem Kreis Belgard-Schivelbein (Paten von Stadt und Landkreis Celle) sowie 1992 ein Mahnmal, das „Den KZ-Häftlingen aus ganz Europa, die vom 8. bis 12. April 1945 in Celle Opfer nationalsozialistischer Unmenschlichkeit wurden," gewidmet ist. (CZ 19.12.1990/ 8.4.1992).

Quellen: Hennebo Bd. 4, Celle '45, Erinnerungs- und Gedenkstätten.

Kreisverwaltung

Mit den Häusern Nummer 25, 24, 21, 20, 19, 18 und 17 weist die Trift zwischen Mühlenstraße und Justizvollzugsanstalt ein bemerkenswert geschlossenes Ensemble von Bauten auf, die auf die Stadterweiterung des 17. Jahrhunderts zurückgehen. Dies war nach damaligen Plänen genauso wie die Bahnhofstraße eine „1a"-Lage, in der repräsentative Häuser gebaut werden sollten – und auch wurden.
Zwei dieser historischen Häuser liegen heute auf dem Gelände der Kreisverwaltung: Das Haus Nummer 24 kam als erstes 1896/98 dazu – zunächst als Dienstwohnung der Landräte – ergänzt 1897 durch den Neubau eines Verwaltungsgebäudes in der Speicherstraße 2. 1925/26 erwarb der Kreis das Haus Nummer 25, das auf den Hoftapezierer Jacques la Fontaine (1683) zurückgeht. 1936/37 kaufte man die Grundstücke 26

4.13 Die Mühlenstraße traf um 1900 direkt vor dem Reichsbankgebäude auf die Bahnhofstraße. (Postkarte nach 1904)

4.14 Die Planungen für die Aufstellung des Thaer-Denkmals seit 1873 waren Anlass, grundlegend etwas für die Verschönerung – also parkähnliche Ausgestaltung – der Trift zu tun. (Postkarte vor 1907)

4.15 Das Haus Trift 24 gehört seit 1896/98 dem Landkreis. Heute befindet sich darin das Kreisarchiv. (Foto: Stadtarchiv, vor 1930)

4.16 Das Haus Trift 25, wie das Nachbargebäude Nr. 24 (links) ein Gebäude aus der Zeit um 1690, wurde 1925/26 vom Landkreis erworben. (Postkarte um 1940)

und 27, in deren Gärten 1981-83 das neue Kreishaus entstand.

Quellen: Mielke, Baudenkmale, Hugenotten in Celle.

Kreishandwerkerschaft

Das Eckhaus zur Speicherstraße, Trift 23, ist heute als Sitz der Kreishandwerkerschaft bekannt. Doch erst 1956 konnte es als „Rathaus des Handwerks" erworben werden. Das Haus selbst bestand da wohl schon knapp 100 Jahre: In den Adressbüchern taucht eine Bebauung dieser Grundstücke (Trift 21 und 22, damals 85a und b) erstmals 1866 beziehungsweise 1877 auf.

Der Besitzer der Grundstücke wohnte dabei im Haus Nr. 21. Noch bis zu Beginn der 1920er Jahre hatten alle drei Häuser denselben Besitzer, damals den Rechtsanwalt und Justizrat August Westrum. Er lebte seit den 1880er Jahren hier und richtete in dem Eckhaus seine Kanzlei ein, die dann bis nach dem Zweiten Weltkrieg von Kurt Westrum fortgeführt wurde.

1956 erwarb es die Kreishandwerkerschaft. Sie geht auf das „Handwerksamt" zurück, das 1920 erstmals als Innungs-übergreifendes Büro eingerichtet wurde. Dieses erste „Büro" bestand allerdings nur aus einem Tisch mit Schreibmaschine in seinem Haus, erinnerte sich der erste Vorsitzende Hans Waack später. Aber schon bald konnten dann Räume am Brandplatz/Ecke Rabengasse angemietet werden, in dem neben Geschäftsführer Wilhelm Brockmann noch 2 bis 3 Angestellte arbeiteten. Zur Kreishandwerkerschaft wurde die Einrichtung 1935.

Neuenhäusen hat für das Handwerk noch weitere Bedeutung. 1968 konnte die „Gewerbeförderungsstelle in der Uferstraße" als überbetriebliches Schulungszentrum des Handwerks ihre Arbeit aufnehmen und 1976/77 errichtete die Innung-Krankenkasse ihr neues Verwaltungsgebäude in der Speicherstraße 3 (vorher Südwall 15A).

Quellen: Adressbücher, Kreishandwerkerschaft, Innungskrankenkasse

„Besterhaltenes Palais"

Als „besterhaltenes Palais der Triftanlagen" bezeichnet Fischer (Celler Baudenkmale,

4.17 Alte Haustür am Gebäude Trift 20. (Foto: Enghausen, 2000)

4.18 Ab Ende 1932 konnte die Sanitätskolonne des Celler DRK das Haus Trift 20 kurze Zeit nutzen. (Privatfoto im Winter 1932/33)

S. 220) das Gebäude Trift 20, das vor 1684 von dem Leibbarbier und Kammerdiener des Celler Herzogs, Daniel Ceaulier/Collieu erbaut wurde. Im 19. Jahrhundert bewohnte es Reichsgraf Curt von Schwichelt († 1898), der mit einer bedeutenden Stiftung die Arbeit von „Siloah" unterstützte. Nach ihm ist die benachbarte Seitenstraße der Trift benannt, die Anfang des vorigen Jahrhunderts zwischen den Grundstücken Trift 17 und 18 als Sackgasse entstand und dann um 1931 an die Guizettistraße angeschlossen wurde.

1925 kam das Hauptzollamt hierher. Ende 1932 konnte das Deutsche Rote Kreuz das Haus für seine Arbeit erwerben. Die Nähe zur Kreisverwaltung führte aber wenig später dazu, dass die Nationalsozialisten das repräsentative Gebäude als Sitz ihrer Kreisleitung wählten.

Nach dem Krieg beherbergte das Haus zunächst die britische Militärpolizei. 1953 zog die städtische Kinderkrippe/ Säuglingsheim (1939 in der Fritzenwiese 15 entstanden) hierher – 60 Plätze sowie 20 Tagesplätze für Kinder bis zu drei Jahren bot sie damals.

4.19 Die Trift östlich der Strafanstalt, als noch Linden die Straße säumten und die Schwicheldtstraße noch nicht bestand – die Hauslücke, die für diese Straße um 1930 genutzt wurde, ist links zu erkennen. (Postkarte um 1900)

4.20 Die Kreuzung Trift/Arndstraße – im Haus links befindet sich heute die Landwirtschaftskammer. (Postkarte um 1900)

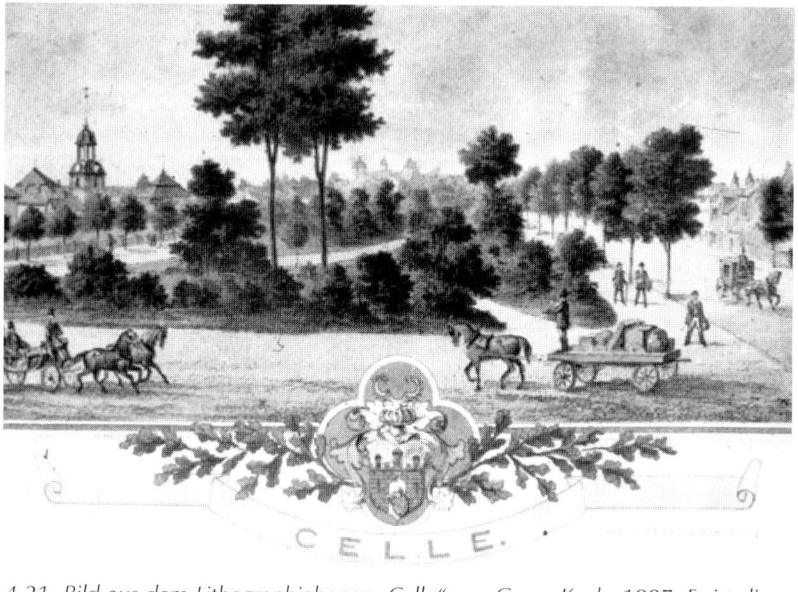

4.21 Bild aus dem Lithographiebogen „Celle" von Georg Koch, 1887. Es ist die wohl älteste – aber auch sehr geschönte – Darstellung der ersten parkähnlichen Gestaltung der Triftanlagen. (Grafik: Stadtarchiv)

Seit 1993 hat die Volkshochschule Celle hier ihren Sitz (CZ 6.3.1993). Nach Vorläufern in den 20er Jahren (CZ 1.3.1930) und in der unmittelbaren Nachkriegszeit (Hannoverscher Kurier 12.4.1946) bezog sie 1951 an der Stadtkirche ihr erstes Büro, ab 1983 dann das „Clemens-Cassel-Haus" am Heiligen Kreuz. Die Umzüge spiegeln die positive Entwicklung dieser Einrichtung wider (CZ 6.3.1993).

Quellen: Baudenkmale, Hugenotten in Celle, Stadtarchiv 30/84 und 170, Celle-Lexikon, Adressbücher, 6. und 7. Verwaltungsbericht, DRK-Festschrift 1931, Carla Meyer-Rasch Bd. 1.

Ein früher Radweg

Die Bilder 4.19 und 4.22 zeigen noch zu beiden Seiten der Trift Fußwege. Wegen des schlechten Pflasters der Straße gab es schon 1912 Überlegungen, den südlichen Fußweg entlang der Parkanlagen zum Radweg zu machen – es wäre einer der ersten gesonderten Radwege in Celle gewesen. Tatsächlich konnte das Projekt erst 1931 verwirklicht werden. Zu dieser Zeit bemühte man sich verstärkt, Radwege einzurichten.
Dabei ging es jedoch um die Hauptverkehrsstraßen. Die Trift war damals nur eine Nebenstraße, auch wenn sie im April 1945 neue Bedeutung erhielt, als nach der Zerstörung der Bahnunterführungen der Verkehr über den alten Bahnüberweg im Zuge der Trift geführt wurde.

Quellen: Stadtarchiv 30/196

Erstes Gas für Celle

Am 25.4.1857 beantragten Franz Friedrich Hack und Wilhelm Bruns aus Lauenburg, eine „Gasbereitungs-Anstalt auf dem Zuchthaus-Campe" errichten zu dürfen. Damit begann die Geschichte der Gasversorgung in Celle, die dann seit 1887 von den Celler Stadtwerken in der Fuhsestraße fortgeführt wurde. In einem Vertrag mit der Stadt und der Gemeinde Neuenhäusen verpflichtete sich die Firma Hack&Bruns auch zu einer „Erleuchtung mittels Steinkohlengas und Rohrleitung" an der Trift, Bahnhofstraße, Hannoverschen Straße und Breiten Straße. Das unbebaute Gelände in der Nähe des

Bahnhofs an der heutigen Arndstraße (Nr. 2 und 3 – Straßenname erst 1893) bot sich als Werksgelände an. Erst später kamen hier Wohnhäuser hinzu, unter anderem 1892 die Villa des Bankiers David Daniel (Trift 4).

Quellen: Stadtarchiv 23M122 und 8A30, Cassel Bd.2., Jüdische Spuren.

Vom „Zucht- und Tollhaus" zur JVA

Nach dem Ende des Hoflebens in Celle (1705) erhielt die Stadt unter anderem als wirtschaftlichen Ausgleich ein „allgemeines Zucht-, Werk- und Tollhaus", dessen Insassen auch billige Arbeitskräfte für die Tabak- und Textilfabrikation bildeten. Für die damalige Zeit war dies eine fortschrittliche Einrichtung, die Johann Caspar Borchmann, der selbst in Neuenhäusen lebte, 1710 bis 1724 so errichtete, dass sie von außen wie ein kleines Schloss aussieht. Hier wurden ursprünglich Gefangene untergebracht, die nicht zu schweren Arbeiten wie beim Festungsbau in Lüneburg und Nienburg fähig waren. Bis 1846 war die Anstalt daher hauptsächlich ein Frauengefängnis und bis zum Bau der Landesirrenanstalt in Hildesheim 1833 war sie zudem auch ein „Tollhaus".
Die Anstalt wurde im Laufe der Jahre weiter ausgebaut. Um 1826 bot sie Raum für 460 Personen, nach Clemens Cassel gab es um 1930 Platz für 650 Strafgefangene, heute (Stand 1.1.2001) bestehen 220 Haftplätze.

Quellen: Justizvollzugsanstalt Celle, Baudenkmale, Spangenberg.

Celler Wachsbleichen

Wachs und Honig waren traditionelle Erzeugnisse der Heide. Davon ausgehend legten die Landesherren Ende des 17. Jahrhunderts den Grundstein für eine lange Firmentradition in Celle. Natürlich hatte das Herzogshaus auch eigene Interessen, denn auf dem Schloss brauchte man viele Kerzen. 1696 legte der aus Salto (bei Bergamo) stammende Francesco Guizetti de capo ferri († 1736 in Celle) in der Westceller Vorstadt eine „Wachs-Bleichen mit Kerzen-Macherei" an und zwei Jahre später der Italiener Angelo Casarotti eine weitere. Das

4.22 Die Strafanstalt an der Trift mit dem schmiedeeisernen Gitterzaun, der erst in den 1930er Jahren entfernt wurde. (Postkarte 1908)

4.23 Luftaufnahme mit der Celler Strafanstalt im Zentrum. Im Hintergrund sind am oberen Bildrand die Bleichwiesen der beiden Celler Kerzenfabriken zu erkennen. (Foto: Stadtarchiv, 1930er Jahre)

4.24 Briefkopf der Wachsbleiche Guizetti um 1896. (Privatbesitz)

4.25 Herstellung von Altarkerzen im Tauchverfahren in der Kerzenfabrik Guizetti. (Aufnahme: 1935 oder 1957, Foto: Bomann-Museum)

4.26 Noch 1925 benutzter Briefkopf der Kerzenfabrik August Schmidt Nachfolger. (Privatbesitz Klaus Scheller)

Unternehmen „Guizetti“ blieb über die Jahrhunderte mit der Familie Guizetti verbunden, während die zweite Wachsbleiche mehrmals den Besitzer wechselte – zuletzt produzierte sie unter dem Namen „August Schmidt Nachfolger“. Spangenberg rechnete beide 1826 zu den größten ihrer Art in Deutschland, die zusammen durchschnittlich 140.000 Pfund Wachs pro Jahr verarbeiten. Die Grundstücke Guizettistraße 4 und Speicherstraße 25 waren damit ab 1711/14 Ausgangspunkt für eine Firmentradition, die fast 300 Jahre andauerte.

Von den Unternehmerpersönlichkeiten, die hier im Laufe der Zeit gewirkt haben, sei hier der Celler Oberbürgermeister (1948 bis 1952) Franz Guizetti hervorgehoben. Er gehörte schon 1946 dem ersten, noch von den Briten eingesetzten Nachkriegsrat an. Als Christdemokrat gehörte er dem Stadtrat

4.27 Plakat für Aug. Schmidt Nachfolger aus den 60er Jahren. (Privatbesitz Klaus Scheller)

dann noch bis 1973 an, zuletzt seit 1968 als Dritter Bürgermeister.
An die Kerzenfabrik Guizetti erinnert heute auch der Name der auf dem ehemaligen Grundstück der Wachsbleiche in den letzten Jahren entstandenen Seniorenwohnanlage.

Quellen: Cassel Bd. 1, Spangenberg, Ricklefs, Der Speicher, Moeck, 6.+7. Verwaltungsbericht.

Speicherstraße

Der Name „Speicherstraße" erinnert an die alte Allerschifffahrt. Hier lag aber nur ein Teil der alten Speicher. Als die Behörden 1789 die „von der Trift ab nach den Speichern gehende Nebenstraße" mit pflastern wollten, mussten sie feststellen, dass nur fünf Speicherbesitzer die Straße brauchen: „Denn zu den übrigen Speichern führt ein gäntzlich anderer Weg, nemblich der sogenannte Mühlenweg," berichteten Anwohner. Gemeint ist die Mühlenstraße und ihre ehemalige Fortsetzung über das Behördenhaus-Gelände. Dort wurde 1935 einer der letzten großen Speicher, in dessen Balken man die Jahreszahl 1721 fand, abgerissen (CZ 30.8.1935).

Quellen: Stadtarchiv 23N3

Der Hafen

Die Speicher entlang der Aller von der Speicherstraße bis zur Ratsmühle – im Mittelalter noch darüber hinaus – zeigen, dass ursprünglich die Schiffe am Allerufer direkt anlegten. Die Idee, ein spezielles Hafenbecken zu bauen, entstand, als es durch die Erdöl-, Kieselgur- und Kali-Funde vor gut 100 Jahren wirtschaftlich interessant wurde, Eisenbahn- und Schiffstransporte zu verbinden. 1898 war die Celler Schleppschiffahrtsgesellschaft gegründet worden. Sechs Jahre später wurde das Hafenbecken mit Eisenbahnanschluss gebaut und 1907 noch auf über 10.000 Quadratmeter erweitert. Auch im nahen „Schifferkrug", der schon im 18. Jahrhundert an der Speicherstraße bestand, machte sich dieser Aufschwung bemerkbar.
Im Jahre 1913 erreichte der Schiffsverkehr mit einer Leistung von 725.306 Tonnen im Jahr seinen Höhepunkt. Durch die Konkurrenz des Mittellandkanals kam die Aller-

4.28 Blick vom Fabrikgelände Haacke (rechts die Eisenbahnhubbrücke) über die „Mühlenaller" auf den Hafen. (Postkarte vor 1910)

4.29 Speicherhäuser an der „Mühlenaller" auf dem ehemaligen Gelände der Firma Haacke. Mit dem Giebel zur Aller steht der Stechinellische Speicher, dahinter der Lauensteinsche Speicher. (Foto: Stadtarchiv vor 1950)

4.30 Briefkopf der Firma Haacke (ab 1895) und darunter die Darstellung der Fabrik zum 50-jährigen Betriebsjubiläum 1929. (Stadtarchiv)

4.31 Der alte Lauensteinsche Speicher wurde in den 1950er Jahren abgebrochen – der Name erinnert an eine alte Celler Kaufmannsfamilie. (Foto: Bomann-Museum, Aufnahme Bertha Schneider um 1938)

schifffahrt bis um 1928 fast ganz zum Erliegen. Nach dem Zweiten Weltkrieg gab es durch Lieferungen für die Ratsmühle wieder einen Aufschwung, doch um 1970 wurde der Frachtverkehr auf der Aller ganz eingestellt. Es blieb die Fahrgastschifffahrt (seit 1966) und 1973 kam mit dem Yachtclub Celle ein neuer Nutzer der Hafenanlagen.

Quellen: Cassel Bd.2, Die Aller, Stadtarchiv 25H345 und 23M89, 6. und 7. Verwaltungsbericht.

Albert Haacke

Am Ende der Speicherstraße entstand bei den Lagerhäusern 1879 eine Wärmeschutzmasse-Fabrik, deren bekannteste Persönlichkeit der spätere Senator Albert Haacke (1854-1935) war. Haacke war zunächst Mitarbeiter des Fabrikgründers Wilhelm Berkefeld, übernahm den Betrieb 1885 mit Wilhelm Windmöller und wurde 1891 Alleininhaber. Hergestellt wurde vor allem aus Kieselguhr Material zur Wärme-/Kälteisolierung, das internationalen Absatz fand. Das Thema verfolgen, wenn auch mit anderen Materialien, die Unternehmen, die sich aus dieser Firma entwickelt haben, Haacke-Haus und Algostat (CZ 11.12.1971).

Albert Haacke engagierte sich sehr in der Kommunalpolitik, war seit 1898 Bürgervorsteher und von 1908 bis 1919 Senator. In seinem Nachruf wird er in einer Reihe mit den Unternehmern und Senatoren Wehl, Hebbeler und Trüller gestellt, sowie mit dem Oberbürgermeister Denecke, zu dessen 25-jährigen Amtsjubiläum Haacke 1912 den Schäferbrunnen stiftete (CZ, 28.5.1935).

Quellen: Cassel Bd. 2, Moeck.

Der Thaerplatz

5.3 Der Anfang der Bahnhofstraße. Das kleine Haus links wurde in den 30er Jahren abgerissen für Neubau des CZ-Druckhauses. (Postkarte vor 1907)

5.4 Als 1907 die Straßenbahn gebaut wurde, legte man ihre Gleise mitten über den Thaerplatz. Als der Straßenverkehr stärker wurde, verlegte man die Schienen an den Nordrand des Platzes – siehe Bild 5.1. (Postkarte um 1915)

Bilder auf der vorigen Seite:
5.1 Blick stadtauswärts auf den Thaerplatz nach der Neugestaltung 1934/35. (Postkarte vor 1941)
5.2 Der Blick in umgekehrter Richtung etwa aus Höhe der Mühlenstraße zeigt das Albrecht-Thaer-Denkmal mit seiner Parkanlage. (Postkarte um 1935)

Das Westcellertor

Der Thaerplatz war früher der Platz vor dem Celler Stadttor, das in Richtung Hannover und Nienburg führte. Bei der Stadterweiterung um 1530 kam dieses „Westcellertor" etwa an die Stelle der heutigen Kreuzung Schlossplatz/ Westcellertorstraße. Ein Plan von 1712 zeigt davor den bis zu 50 Meter breiten Stadtgraben, über den eine Brücke in eine Schanzenanlage führte, die im 30-jährigen Krieg zur Verstärkung der Festungsanlagen entstand. Hier begann das vorstädtische Gebiet – die heutige Stadtbibliothek wurde noch im 19. Jahrhundert zu Neuenhäusen gezählt.
Die Schanzenwälle liefen im spitzen Winkel am Magnusgraben zusammen – noch heute ist dieser Winkel im Graben zu erkennen. Etwa an ihrer heutigen Stelle befand sich die Brücke, auf der man zum Thaerplatz kam. Dort war im 18. Jahrhundert ein großes Areal – etwa bis Höhe Hannoversche Straße – umzäunt, das den Platz freihielt und über zwei Zugänge den Verkehrsfluss regelte.
Als Stadtbefestigungen im 18. Jahrhundert ihre militärische Bedeutung verloren, änderte sich das Bild langsam: Das Westcellertor wurde 1785 abgerissen, und 1874 wurde auf der ehemaligen Spitze der Schanzenanlage ein Gesellschaftshaus errichtet (ab 1894 Wirt: Wilhelm Wahlfeld), dessen Gebäude noch heute den Stadteingang prägt (Bild 5.2).

Quellen: Cassel Bd. 2, Stadtarchiv 9A30 Bd.8.

Thaerdenkmal

Ein Denkmal für den wohl bekanntesten Sohn der Stadt, Albrecht Thaer (1752-1828), hatte die Königliche Landwirtschaftsgesellschaft schon 1860 im Französischen Garten errichtet. Das Reliefportrait daraus wurde später am Thaer-Geburtshaus (Poststraße 7) angebracht. Denn 1873 konnte mit großer überregionaler Resonanz das heutige Denkmal auf dem Thaerplatz – etwa in Höhe des Hauses Trift 32 – eingeweiht werden. Auf Initiative des Landwirtschaftlichen Vereins konnte es mit Spenden finanziert und von dem bekannten Celler Bildhauer, Ferdinand Hartzer (1838-1906), gestaltet werden. Durch Spenden des Kaisers und der Stadt blieb noch Geld für einen kleinen Park (CZ 27.10.1973).

Bis 1960 stand das Denkmal auf dem Thaerplatz, dann erforderte der Verkehr eine Verlegung in den Schlosspark (NP 31.12.1959). 1998 kam es zurück, nun aber vor die Union (Pläne: CZ 27.11.1997).

Quellen: Baudenkmale.

Verkehrsreichster Platz

Mit 592 Zugtieren, 346 bespannten Fahrzeugen, 76 Krafträdern, 223 Personenkraftwagen und 77 Lastkraftwagen war die Westcellertorstraße bei einer ersten Verkehrszählung in Celle 1925/26 die am stärksten befahrene Straße der Innenstadt. Damals entstanden Pläne, durch den Ausbau der Mühlenstraße eine Art Umgehungsstraße zu schaffen – bis zum Bau der Fußgängerzone ab 1970 lief der Hauptverkehr aber weiter durch die Innenstadt.

1934 – der Platz hieß von 1933 bis 1945 „Adolf-Hitler-Platz“ – wurde erneut umgebaut. Dabei erhielt, wie es in der damaligen Sprache hieß, „Celles monumentalster Platz endlich seinen würdigen Mittelpunkt“: einen Beleuchtungsmasten mit vier Armen auf dem Mittelrondell (CZ 12.10.1934 – Bild 5.1).

1958 entstanden Pläne, den bisherigen Kreisverkehr durch Verkehrsinseln in neue Bahnen zu lenken. Nachdem die Mühlenstraße ausgebaut worden war, konnte man diese Lösung umsetzen (CZ 8.7.1959, 2.9.1960), die im Prinzip der heutigen Straßenführung entspricht – anfangs jedoch noch ohne Ampeln (CZ 9.1.1963).

Quellen: Stadtarchiv 30/51 und 30/84.

5.5 Der Thaerplatz nach der Umgestaltung von 1934 mit Blick auf Union und CZ-Gebäude. (Postkarte um 1936)

5.6 Britischer Verkehrsposten auf dem Thaer-Platz: für eine begrenzte Zeit wurde nach 1945 das Mittelrondell so umgestaltet, danach wurde hier wieder der alte Beleuchtungsmast aufgestellt. (Aufnahme 1945/46, Foto: Bomann-Museum)

5.7 *Die alte Union vor dem Neubau 1909. Ein größerer Gebäudekomplex hatte sich seit 1806 auf dem Eckgrundstück am Thaerplatz entwickelt. 1888 gehörten dazu ein Gesellschaftshaus, ein Saalgebäude mit Anbauten, Stallgebäude mit Wohnräumen, Billardgebäude, zwei Toilettengebäude, Clubhaus, Konzertpavillon und Kegelhaus mit Nebengebäuden. Die Postkarte aus der Zeit um 1900 macht dies anschaulich: Von der Hannoverschen Straße richtet sich hier der Blick auf das Haupt- und das Saalgebäude, dahinter der große Garten mit dem Konzertpavillon (links oben), davor der große Springbrunnen und im Hintergrund die überdachten Sitznischen. (Postkarte um 1900)*

5.8 *In der Mitte des Gartens stand ein erhöhter kleiner Musikpavillon. Zur Erinnerung an den fröhlichen Jahreswechsel ließen sich 1902 drei Herren in ihm ablichten. (Privatfoto wohl Neujahr 1902)*

Cellesche Zeitung

Den Eingang in die Hannoversche Straße bestimmten schon früh zwei repräsentative Häuser: Das Palais Beaulieu (Hannoversche Straße 4 – Bild 7.4) aus der Zeit um 1700 und das Haus des Hofkellermeisters Francisco Sclavorio (Bahnhofstraße 1 – Bild 5.6 und 7.3), das 1681 errichtet wurde. Letzteres ist seit 1934 Sitz der Celleschen Zeitung, die zu den ältesten Tageszeitungen in Deutschland zählt – erste Ausgabe 1817.

Quellen: Hugenotten, Moeck.

Vom Club zur Congress Union

Schon vor 1700 bebaut war auch das Eckgrundstück – heute Thaerplatz 1. Erster Bauherr war der Hoftrompeter Anthon Franke. Eine Gastwirtschaft gab es hier aber wegen der Privilegien des Sandkruges nicht. So konnte der Kaufmann Anton Friedrich Wilhelm Kettembeil 1806 nur die Konzession für eine „Club-Gesellschaft“ bzw. 1816 für eine „Club- und Kaffee-Wirtschaft“ erhalten. 1816 wurde mit Hilfe von „Actien“ der Bau eines Saales möglich.
Bis 1853 blieb das Haus in den Händen der Familie. Dann betrieb es der Kaufmann Martin Heinrich Carl Wierss und, als er in Finanzprobleme kam, ging es 1863 an die neugegründete „Actiengesellschaft Union“. 1901 übernahm die Stadt das Haus von der sich auflösenden AG und übertrug es dem

5.9 Auch die neue Union behielt bis 1960 den Haupteingang für Veranstaltungen an der Hannoverschen Straße. (Postkarte vor 1934)

5.10 Nach dem Brand konnte 1909 der Neubau eröffnet werden, hier noch ohne den 1920 errichteten Wintergarten zu sehen. (Postkarte vor 1920)

5.11 Ein Konzertgarten, der Platz für rund 1.200 Besucher bot, gehörte auch zur neuen Union. Viele werden diesen Platz nach dem Krieg aber nur noch als Parkplatz kennen, heute steht hier der große Saalanbau. (Postkarte um 1910)

5.12 Der große Saal – heute „Europasaal" – in 30er Jahren, bevor er 1937 zur Verbesserung der Akustik baulich verändert wurde. (Postkarte 1930er Jahre)

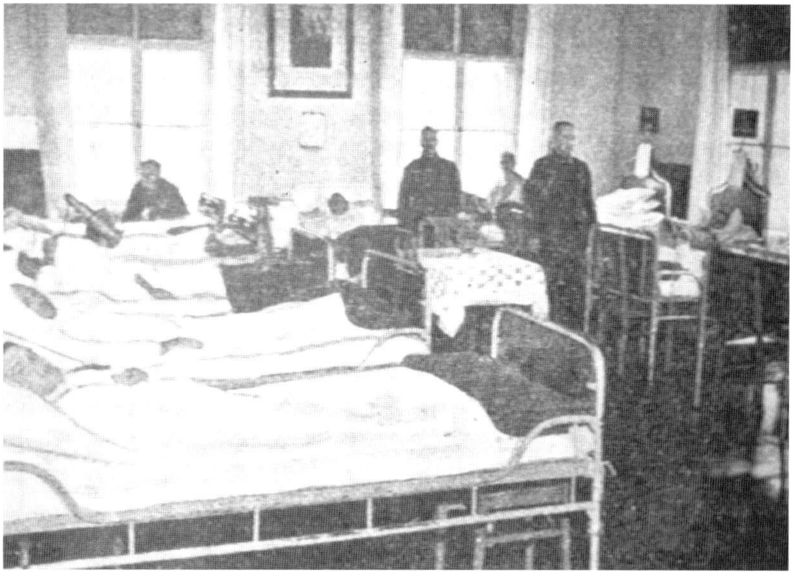

5.13 Von 1942 bis Kriegsende diente die Union als Lazarett. Rund 1.500 Betten standen in den verschiedensten Räumen, sowohl im großen Saal wie auch (Foto) in den oberen Gesellschaftsräumen. (Privatfoto zwischen 1942 und 1945)

Weinhändler Wilhelm Ulrich, unter dem der Übergang zur öffentlichen Wirtschaft stattfand. Ein Feuer machte 1905 aber alle Pläne zunichte.
Nach lebhaften Diskussionen beschloss die Stadt 1908 den Wiederaufbau in eigener Regie. Auf Grundlage der Entwürfe der Hannoverschen Architekten Alfred Sasse und Otto Lüer wurde das neue Haus (Eröffnung 19.11.1909) nun näher an die Bahnhofstraße gebaut (CZ 11.6.1930). Im Erdgeschoss erhielt es einen Theatersaal mit 487 Sitz- und 100 Stehplätzen, Balkon und versenkbarem Orchesterboden.
Den Saal hätte man gern 1942 für die 650-Jahr-Feier der Stadt genutzt – aber die Wende des Krieges ließ keinen Raum für eine größere Feier. So war seit Anfang 1942 die Union zum Lazarett umfunktioniert worden – mit rund 1.500 Betten (CZ 9.2.1957). 1945 beschlagnahmten die Briten das Haus für ihre Truppenbetreuung (CZ 12.1.1984) und ab Ende 1948 nutzten es die Amerikaner zur Betreuung der Luftbrücken-Soldaten. Erst am 14.10.1949 stand das Haus den Cellern wieder ganz zur Verfügung.
Der Wandel im Veranstaltungsgeschäft regte seit den 80er Jahren Diskussionen über die Zukunft der „Union" an. Durch den Anbau eines großes Saales (Einweihung 1994) wurden der „Congress Union Celle" neue Perspektiven geschaffen.

Quellen: Streich, Bertram, Stadtarchiv 23M108 und 14B207, Nds. Hauptstaatsarchiv Hannover: Han 72, Celle, Nr. 389 (31.10.1816).

Radrennen

Seit drei Jahren gibt es wieder Celler Straßenradrennen - Rundkurs durch Bahnhof-, Breite-, Jäger- und Hannoversche Straße mit Start/Ziel Höhe Union. Ihre Blüte lag in der Nachkriegszeit: „Auf der in Norddeutschland bekanntesten und schnellsten Rundstrecke" (HAZ 5.9.1950) fuhr man 1950 durch Bahnhof-, Fuhse-, Jäger- und Hannoversche Straße. 1951 – „Rund um die Celler Knopffabrik" – ging es durch Krone-, Windmühlen- und Spörckenstraße und Alte Grenze (CZ 17.9.1951) und 1960 durch Bultstraße, Kronestraße, Holzhof, Waldweg, Spörckenstraße (CZ 17.9.1960).

Der Bullenberg

Bilder auf der vorigen Seite:
6.1 Der Neuenhäuser Schützenumzug führte 1936 in den Bullenberg, wo der Schützenkönig Hermann Fretzer wohnte. (Privatfoto 1936)
6.2 Das Eckhaus Bullenberg/Hannoversche Straße vor dem Abriss 1962. (Foto 1962, Stadtarchiv)

Der Bullenberg

Die Straße, die vom Thaerplatz abgeht, schreibt Spangenberg 1826 (S.14), „heißt Bohlenberg oder Bullenberg, weil die ganze Gegend ein Weideplatz der Westerceller war und die Kühe hier um Mittag gemolken wurden". Tatsächlich findet man in Steuerregistern des 18. Jahrhunderts den Namen „Auf dem sogenanndten Bullenberge". Im 19. Jahrhundert kommt dann wieder der Name „Bohlenberg", der sich bis 1945 hielt. Als mit Bekanntmachung vom 27.11.1945 die Straßen, die im Dritten Reich aus politischen Gründen umbenannt worden waren, wieder ihre alten Bezeichnungen erhielten – so wurde aus dem Adolf-Hitler-Platz wieder der Albrecht-Thaer-Platz – „sind auch Wünsche der Bevölkerung berücksichtigt worden, die der Stadtverwaltung schon in früheren Jahren nahegebracht waren". Ähnlich klingende Namen verschwanden – die Speicherstraße blieb, die Spichernstraße in der Blumlage wurde aber zur Hostmannstraße –, „unschöne Wortbildungen" wurden beseitigt – aus „An der Reitbahn" wurde die „Reitbahn" –, und es sollten alte Flurnamen (Im Werder – vorher Fabrikstraße) sowie Persön-

6.3 Fast den Charakter eines Dorfangers hatte der Platz vor dem ehemaligen Wohnhaus des Literaturwissenschaftlers Carl Gödecke. Er war einst dicht von Häusern umgeben. (Aufnahme um 1938 von Elisabeth Hörig, Foto: Stadtarchiv)

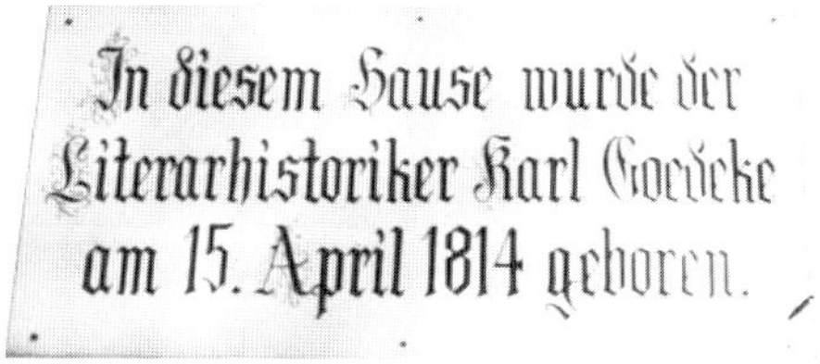

6.4 Schild am Haus Bullenberg 19. (Foto: Enghausen 2000)

lichkeiten der Celler Geschichte (Bernstorffstraße – vorher Artilleriestraße) wieder zur Geltung kommen.
Insgesamt 43 Namensänderungen wurden am 27.11.1945 bekanntgegeben. In Neuenhäusen waren das außerdem Alte Grenze (vorher Alte Grenzstraße), Bahnhofstraße (vorher Hindenburgstraße) und der „Bullenberg".
Sicherlich wollte man damit auf alte Traditionen zurückgreifen – schon Cassel verwendet in seiner Stadtgeschichte diesen Namen. „Bullenberg" ist auch ein alter Celler Flurname, der schon 1390 auftaucht – aber da bezieht er sich auf eine Erhebung im Hehlentorgebiet, auf die die Berggartenstraße heute zuführt. Flurnamen, die auf eine Bullenweide hinweisen, gibt es im Landkreis Celle häufig, sogar einige „Bullenberge" als hochwassersichere Weiden.
Der andere Name „Bohlenberg" kommt dagegen von den Holzbohlen, mit denen man früher Straßen befestigte. Und hier ging es um eine kleine sandige Erhebung: Die erste Siedlung vor dem Westcellertor hieß „Im Sande". Ihre Gaststätte war der „Sandkrug", an dem vorbei der befestigte „Bohlenberg" damals als Hauptweg nach Hannover führte.

Quellen: Spangenberg, Stadtarchiv 61/610-19, Urkundenbuch, Cassel, Celler Flurnamenbuch.

Der Sandkrug

Die ehemalige Gaststätte am Bullenberg 6 gehört zu den ältesten bekannten Häusern vor dem Westceller Stadttor. 1586 – damals gab es erst vier Anwohner „Im Sande" – errichtet hier der Hofschenk Kurt Hogreve ein Wohnwesen, das schon 1608 als Krug auswärtige Biere steuerfrei ausschenken durfte. Das Privileg war ein Grund für die Stadt Celle, diesen Krug 1677 zu erwerben. Die Stadt – Besitzer bis 1835 – verpachtete die Gastwirtschaft mit Ausnahme des „großen Weinkellers" – der Rat hatte ein Weinhandelsprivileg. „Der ganz nahe vor dem Westzellerthore belegene Raths-Sandkrug ist ein angesehener Gasthof, worinn viele einheimische und reisende Gäste aufgenommen werden können, und wobey Stallung auf 100 Pferde und die nöthigen Haushalts-

6.5 Alte Aufnahme des Hotels Sandkrug mit den Türmen von St. Ludwig im Hintergrund. (Postkarte um 1905)

6.6 Das „Parkhotel Sandkrug" gehörte nach dem Krieg zu den ersten Adressen in Celle. 1969 endete dann die fast 300-jährige Tradition dieses Gasthauses und Hotels. (Postkarte vor 1955)

6.7 Die Häuser Nr. 15 – hier lebte der bekannte Heilpraktiker Paul Jeziorski – und 16 sind heute Neubauten gewichen. (Privatfoto 1970er Jahre)

6.8 Das Eckhaus Bullenberg/Hannoversche Straße vor dem Abriss 1962. Zu erkennen ist dabei auch noch die „schmale“ Hannoversche Straße vor ihrem Ausbau in den 1960er Jahren. (Foto 1962, Stadtarchiv)

Gebäude aller Art befindlich,“ heißt es 1805. Letzter Besitzer war die Familie Schütte, die 1909/10 den Sandkrug gepachtet und 1919 erworben hatte. Unter ihnen wurden 1925 zum Magnusgraben hin Autogaragen angelegt und darüber eine Kegelbahn. Im Zweiten Weltkrieg wurde das Haus Lazarett, dann bis 1948 von den Briten beschlagnahmt. Nach gründlicher Renovierung konnten Schüttes das Haus am 2.11.1948 wiedereröffnen, und der Sandkrug gehörte bald wieder zu den ersten Adressen in der Stadt (Bild 6.6).
1969 endete die Tradition, der Sandkrug wurde an die Katholische St. Ludwig-Gemeinde verkauft (HP 5.3.1969) – an Stelle der alten Garagen entstand ein modernes Gemeindezentrum (CK 2.9.1994), das alte Haupthaus am Bullenberg blieb erhalten.
Quellen: Carla Meyer-Rasch (1973), Stadtarchiv 14B181

Carl Gödecke

In der um 1705 erbauten Fachwerkhausgruppe Bullenberg 18/19 wurde 1814 der bedeutende Literaturhistoriker Carl Gödecke (✝ 1887) als Sohn eines Maurermeisters geboren (Bild 6.4 und 6.7). Er studierte in Göttingen – unter anderem bei den Gebrüdern Grimm –, kam aus politischen Gründen jedoch wieder für mehrere Jahre in seine Heimatstadt zurück, wo auch sein Hauptwerk „Der Grundriß zur Geschichte der Deutschen Dichtung“ entstand.
Die beiden Häuser bilden heute den Rest gewissermaßen eines „Dorfplatzes“, der die Atmosphäre des Bullenberges lange prägte (Bild 6.1 und 6.3). Durch die Erweiterung des Krankenhauses St-Josef-Stift hat sich dies Bild sehr stark verändert.
Quellen: Möller (Gödeckestraße), Baudenkmale

Hannoversche Straße

7.3 Das Eckhaus Hannoversche/Bahnhofstraße ist heute als Haus der Celleschen Zeitung bekannt. (Postkarte 1930er Jahre)

7.4 Das alte „Palais Beaulieu" noch mit seinen beiden Seitenflügel (einer im Hintergrund nach Norden, einer vorn nach Süden) sowie dem 1954 davor errichteten Gebäude der Firma Westphal. (Luftaufnahme 1968, Foto: Stadtarchiv)

Bilder auf der vorigen Seite:
7.1 Blick von der „Union" auf den Anfang der Hannoverschen Straße. (Postkarte um 1900)
7.2 Die Hannoversche Straße noch als Lindenallee – Blick vom Thaerplatz. (Postkarte um 1907)

„Heerstraße" und „Steinweg"

Wann die Hannoversche Straße den Bullenberg als Hauptverkehrsstraße ablöste, ist nicht überliefert. Dies muss schon vor 1680 geschehen sein, denn beide gehören nicht zu den schnurgeraden Straßen, wie sie mit dem Stadterweiterungsprojekt des letzten Celler Herzogs entstanden sind.
Die Hannoversche Straße gehörte auch zu den Wegen, die um 1700 schon ein Steinpflaster hatten. Um 1737 musste sie allerdings praktisch neu gebaut werden. Dabei erhielt die „Hannoversche Heerstraße" auch mit Abzuggräben am Straßenrand eine Art Kanalisation, und es wurden einige tiefe Stellen erhöht. Um danach nicht wiederum so teure Reparaturen ausführen zu müssen, schloss man 1739 einen Vertrag mit dem Maurermeister Grütter, der selbst an der Straße wohnte. Er verpflichtete sich darin, gegen ein jährliches Gehalt von 12 Reichsthalern „den neuen Stein-Weg daselbst von der Hr. OberJägerMeisters de Beaulieu Haus-Ecke an bis an die Wester-Zeller Brücke in immerwährenden guten und untadelhaften Stande zu halten." Das „Palais Beaulieu" war danach das erste Haus an der Hannoverschen Straße, und Grütters Aufgabenbereich sollte etwa bis zur damaligen Grenze nach Westercelle, bis an die Schwedenbrücke, gehen.
Schon alte Bilder zeigen die Hannoversche Straße als baumbestandene Allee. Heftige Leserbriefproteste hagelte es denn auch, als 1926 die mächtigen Linden gefällt wurden. Der Architekt Otto Haesler forderte hier in einem Leserbrief zu Sachlichkeit auf: „Generationen haben sich an den alten Bäumen seit deren Anpflanzung erfreut und ebenso werden sich Generationen an den neugepflanzten erfreuen und uns dankbar sein. Einen Mangel im Naturschutzgeist erblicke ich in einem solchen Verhalten

nicht, vielmehr ein ganz normales Eingreifen in die stetig fortschreitende Entwicklung." Schließlich habe es gegolten, „den Konflikt zwischen elektrischer Leitung und dichter Verästung zu beseitigen." (CZ 12.2.1926).

Quellen: Cassel Bd. 1+2, Stadtarchiv 23N9.

„Palais Beaulieu"

Neben Trift und Bahnhofstraße wurde die Hannoversche Straße mit den Stadterweiterungsplänen um 1680 zu einer vornehmen Adresse. Davon zeugen noch heute einige Adelspalais – so gleich am Anfang das Palais Beaulieu (Bild 7.4). Seine nach Norden zeigende Hauptfront prägte einst den Eingang der Hannoverschen Straße. Auf ihrer linken Seite schloss sich Richtung Norden ein Seitenflügel an, der für den Neubau des Großen Saales der Union um 1990 abgerissen wurde. Der rechte Seitenflügel führte in Richtung Süden entlang der Hannoverschen Straße und dann von dieser wieder Richtung Osten weg. Heute steht davon nur noch das Haupthaus.

Benannt ist das Palais heute nach der hugenottischen Familie Beaulieu-Marconnay, die es in der zweiten Hälfte des 18. Jahrhunderts bewohnte. Auf dem Grundstück lebten seit dem Ende des 17. Jahrhundert bedeutende Hofbeamte – so um 1700 der Oberstallmeister und Marschall von Haxthausen, ab 1711 der Oberjägermeister Roger Brown, ab 1726 der Oberstallmeister Fréchapelle und ab 1751 die Witwe des Oberjägermeister von Beaulieu-Marconnay (mit ihrem Mann bewohnte sie zuvor das Eckhaus Bahnhofstraße 1).

Während des Siebenjährigen Krieges wählte der Befehlshaber der Französischen Besatzungstruppen in Celle 1757/58 das Haus als Hauptquartier. Auch durch die „kurzen Wege" konnte der Pastor der gegenüberliegenden Französisch-reformierten Kirche, Jacques Emanuel Roques de Maumont, einen guten Kontakt herstellen, der sich für Celle positiv auswirkte.

Quellen: Hugenotten, Meyer-Rasch (Bd.1), Stadtarchiv 14B181.

7.5 Einer der heute verschwundenen Seitenflügel des „Palais Beaulieu", der an der Hannoverschen Straße lag. (Privatfoto 1960er Jahre)

7.6 Die Hannoversche Straße – hier von der Einmündung der Ohagenstraße in Richtung Süden gesehen – war bis in die 1920er Jahre von Lindenbäumen gesäumt. (Postkarte 1905)

7.7 Älteste erhaltene Außenaufnahme der Reformierten Kirche mit der 1840 neu gestalteten Fassade. (Foto: Ende 19. Jahrhundert, Ev.-reformierte Gemeinde)

7.8 Eine alte Aufnahme zeigt die Reformierte Kirche noch mit Wandmalereien aus den1920er Jahren. 1961 wurde das Innere durch eine Wandvertäfelung und eine eingezogene Decke modernisiert. (Foto: Ev.-reformierte Gemeinde)

Präzisionswaagen aus Celle

Vielen ist das „Palais Beaulieu" durch ein Unternehmen bekannt, das hier seit 1872 ansässig war: die von Georg Westphal (1836-1902) um 1860 gegründete Firma für Feinmechanik, Optik und Präzisionswaagen (CZ 28.10.1934). Sie erwarb sich schnell einen internationalen Ruf.
Im „Vorgarten des alten Palais Beaulieu" (CZ 31.5.1954) liess die noch heute international operierende Firma 1954 einen Neubau errichten, mit dem sie sich „zum ersten Mal seit 95 Jahren" auch mit Schaufenstern der Öffentlichkeit präsentierte. Für den Neubau des Großen Saals der Union (1992) wurde dieses Gebäude abgerissen – der Optiker Westphal ist heute in der Union, die feinmechanischen Werkstätten haben heute ihren Sitz in der Wilhelm-Hasselmann-Straße.
Quellen: CZ 28.10.1934 (Autor: Qu), Moeck.

Die Evangelisch-reformierte Kirche

Am 19. 12. 1700 konnte der erste Gottesdienst in dem von den französischen Reformierten erbauten „temple" stattfinden. Die Kirche an der Hannoverschen Straße 61 ist der einzige noch erhaltene hugenottische Kirchenbau in Nordwestdeutschland. Auch zahlreiche Stücke des Inventars stammen aus der Anfangszeit – beispielsweise die französischsprachige Tafel mit den Zehn Geboten, der Fürstenstuhl, die Kanzel, die Liednummerntafel sowie die erst kürzlich wiederentdeckten Psalmtafeln.
Als Mitglieder einer protestantischen Bewegung der Reformationszeit wurden die Hugenotten vom französischen König Ludwig XIV. – Aufhebung des Ediktes von Nantes 1685 – in ihrer Glaubensausübung so rigoros eingeschränkt, dass mehr als 200.000 von ihnen Frankreich verließen. Rund 300 von ihnen fanden in Celle – vor allem in Neuenhäusen – eine neue Heimat.
Mit Eléonore Desmier d'Olbreuse, der Gattin des letzten Celler Herzogs, hatten sie hier ihre prominenteste Fürsprecherin. Schon 1686 konnten die Hugenotten in Celle die Französisch-reformierte Gemeinde gründen. 1709 entstand dann auch eine Deutsch-reformierte Gemeinde in Celle – beide

7.9 Das „Palais Adelebsen", heute Hotel Fürstenhof, ist ein barockes Adelshaus mit Seitenflügeln für Ställe, sowie Wirtschafts- und Personalräume. (Postkarte vor 1937)

schlossen sich 1805 zur Evangelisch-reformierten Gemeinde zusammen. Dieser gehören gegenwärtig rund 1.300 Mitglieder an.
Das Kirchengebäude ist im Lauf der Zeit mehrmals verändert worden. 1847 erhielt die Fassade eine hölzerne Außenverschalung, in der Stilelemente der Neugotik und Neurenaissance zitiert wurden. Die letzte große Veränderung des Innenraums fand 1961 entsprechend des damaligen Zeitgeschmacks statt. Dies soll jedoch im Zuge der für 2003 geplanten Baumaßnahmen weitgehend wieder rückgängig gemacht werden. Denn Voruntersuchungen haben ergeben, dass eine Wiederherstellung der ursprünglichen Farbgebung von 1700/1744 möglich ist.
Drei historische Nebengebäude sind um den Kirchhof herum angeordnet. Auf der südlichen Seite wurde 1701 ein Haus errichtet, dessen erster Bewohner der Perückenmacher und Lektor der Gemeinde, Gabriel Migault, war. 1833 entstand dahinter die Reformierte Schule mit einer Lehrerwohnung – sie bestand als Volksschule bis 1894. Auf der nördlichen Hofseite befindet sich das 1754 errichtete ehemalige französische Pfarrhaus. Ein neues Pfarrhaus wurde 1967 hinter der Kirche gebaut.

Quellen: Hugenotten, Evangelisch-reformierte Kirche, Baudenkmäler, Flick: 300 Jahre.

7.10 Das Palais war vor seiner Sanierung in viele Mietwohnungen aufgeteilt. (Aufnahme: Carola Röhrssen 1966, Foto: Stadtarchiv)

7.11 Das historischen Gebäude konnte vor dem Abriss bewahrt werden und nach einem umfangreichen Umbau nahm hier 1974 das „Hotel Fürstenhof" seinen Betrieb auf. (Privatfoto um 1975)

Vom Palais zum Hotel

Das Schicksal des Palais Hannoversche Straße 55/56 schlug einmal hohe Wellen. 1966 verabschiedete der Celler Museumsverein sogar eine Resolution, mit der der Rat der Stadt aufgefordert werden sollte, „das geschichtlich und künstlerisch wertvolle Haus Adelebsen zu erhalten und würdig zu verwerten" (CZ 18.6.1966). Der alte Brunnen mit dem Stechinelli-Wappen war schon zuvor in den Hof der Ritterschaft gebracht worden, um ihn zu retten (CZ 12.6.1964). Denn damals war die Zukunft des zu dieser Zeit stark renovierungsbedürftigen Hauses noch fraglich. Mit dem Verkauf 1967 wurden dann zwei Ziele gleichzeitig erreicht. Durch den Verkaufserlös erhielt die Stadt die entsprechenden Mittel zum Umbau des Freibades (CZ 23.2.1967) und die Investoren erweckten das alte Gebäude „aus dem Dornröschenschlaf", indem sie es in ein stilvolles Hotel umwandelten. Eingebaut wurde dabei auch die alte Treppe aus dem ehemaligen „Hotel Hannover", das früher auf dem Grundstück von Karstadt in der Poststraße stand. (CZ 3.9.1970 – Eröffnung).

Das Palais wurde um 1682 erbaut und befand sich 1684 im Besitz von Francesco Capellini Stechinelli. Dazu gehörte ein großer Garten, der an den des Hauses Bahnhofstraße 8 – ebenfalls im Besitz von Stechinelli – stieß. Der hintere Teil des Gartens wurde in den 1930er Jahren zur Errichtung des DRK-Hauses an der Fundumstraße benutzt.

Als erster Bewohner ist 1682 der Generalmajor Francois de Beauregard bekannt. In späteren Jahren lebten hier hohe Persönlichkeiten der Justiz, so seit 1817 der Oberappellationsrat Friedrich August von Osten. Seit 1901 gehörte es der Familie von Adelebsen. Als Elise von Adelebsen 1958 starb, verkauften die Erben das Areal an die Stadt Celle. Schon seit dem Krieg waren die großen Räume aufgeteilt, so dass viele Mieter in dem Haus leben konnten. Auf die Dauer ging dies an die Substanz des Hauses, so dass Ende der 1960er Jahre schon der Gedanke an den Abriss aufkam – eine neue Nutzung machte dann aber den Erhalt möglich.

Ebenfalls ein hohes Alter haben zwei nördliche Nachbarhäuser. Eine winkelförmige Anlage weist das 1673 für den Oberjägermeister von Staffhorst gebaute Freihaus in der Hannoverschen Straße 58 auf. Und auch das Haus Nr. 57, das heute eine klassizistische Fassade aus der Zeit um 1800 aufweist, stammt im Kern aus der Zeit um 1670.

Quellen: 7. Verwaltungsbericht, Baudenkmale, Meyer-Rasch.

Palais, Kindergarten und KAV-Anbau

Ebenfalls aus der Zeit des letzten Celler Herzogs stammt das repräsentative Anwesen Hannoversche Straße 54, das 1965 abgerissen wurde für einen modernen Anbau an das KAV-Gymnasium (HP 27.8.1965). Weitere Teile des heutigen KAV liegen in dem ehemaligen Garten, den die Ansicht von Süden zeigt, die 1846 auf eine Porzellanvase gemalt wurde (Bild 7.12).
Erbaut wurde das erste Haus an dieser Stelle um 1682 von George de Boisrenaud de Launay und seiner Frau Charlotte de Bourdon, die als Hofdame der Herzogin Eleonore einiges Vermögen besaß. De Launay gehörte zu den Hugenotten, die am Celler Hof eine militärische Karriere machten – der nächste Eigentümer um 1711 ist mit dem Oberförster Caspar Wissel ein Deutsch-Reformierter, der ebenfalls im herzoglichen Dienst stand.
Zu einem gesellschaftlichen Mittelpunkt wurde das inzwischen stark vergrößerte Haus, als hier um 1772 mit Luise von Plessen die Oberhofmeisterin der dänischen Königin

7.12 Gemälde von Robert Geißler auf einer Porzellanvase, 1846. (Bomann-Museum)

7.13 Das Palais Hannoversche Straße 54 hatte zur Ohagenstraße hin einen großen Hofraum (Foto) und nach Süden (Bild 7.12) einen großen Garten.

7.14 Seit 1924/25 (bis um 1964) war hier der erste Kindergarten in Celle untergebracht. (Bilder 7.13 und 7.14: Aufnahmen Carola Röhrssen, 1960er Jahre – Fotos: Stadtarchiv)

7.15 Eine Postkarte zeigt die verschiedenen Stationen des KAV-Gymnasiums bzw. vorher der Höheren Töchterschule: 1805-08 und 1850-76 in der Runden Straße (links unten), 1818-50 in der Westcellertorstraße 17 (links oben) und ab Ostern 1876 in der Hannoverschen Straße (rechts). (Postkarte wohl vor 1928)

Caroline Mathilde einzog. Sie hatte schon in Kopenhagen dieses Amt bekleidet und folgte Caroline Mathilde nach den Staatsstreichähnlichen Vorgängen 1772 in die „Verbannung" nach Celle, wo die Königin aber nur noch drei Jahre lebte. Frau von Plessen blieb danach weiter in Celle und starb hier 1799. Carla Meyer-Rasch nennt es das „Haus Westphal" nach der Familie des Grossisten Wilhelm Westphal, die es von 1886 bis kurz vor dem Ersten Weltkrieg besaß und bewohnte. Danach wurde es dann meist vermietet.

So kam hierher am 23. 2. 1928 ein Vorläufer der heutigen Stadtbücherei. Entstanden 1923 in der Kanzleistraße 23 blieb die Bücherei etwa vier Jahre in der Hannoverschen Straße 54 – 1931 nach Neueinrichtung als „Städtische Bücherei" eröffnet – und kam erst 1932 an ihre heutige Stelle.

1924/25 wurde hier der damals einzige Kindergarten in Celle errichtet, und zwar als Praxisergänzung des Unterrichts für die Frauenoberschule im benachbarten KAV. Später gab es hier auch eine Fachklasse für Kindergärtnerinnen. 1928 wurde das Haus für den Kindergarten und für die „Volksküche" (siehe Kapitel 10) umgebaut. Daneben gab es seit 1936 noch einen unangenehmen Bewohner: Die Celler Dienststelle der Gestapo („Geheime Staatspolizei" des Dritten Reiches) beanspruchte, wie Carla Meyer-Rasch berichtet, die erste Etage des Hauses. 1946 konnte der Deutsche Gewerkschaftsbund diese Etage nutzen. Der Kindergarten im Erdgeschoss bestand noch bis zum Abriss 1964 fort (Bild 7.13 und 14). Der dann neugebaute KAV-Trakt wurde wegen seiner Architektur von heftigen Protesten begleitet – „Schulgebäude oder Unterrichtssilo?" fragte die CZ am 5.2.1966 (vgl. HP 24.3.1966).

Quellen: Hugenotten, Flick, Meyer-Rasch (Bd.3), 6. Verwaltungsbericht, Celle-Lexikon.

Kaiserin-Auguste-Viktoria-Gymnasium

Angesichts der Entwicklung der Schülerzahlen (1955: 981 Schülerinnen, 1970: zirka 700 Schüler und Schülerinnen, 1979: fast 1.400 Schülerinnen und Schüler) reichte der 1967 in Betrieb genom-

mene moderne Schultrakt bald nicht mehr - mit dem Umzug des Gymnasium Ernestinum in das Schulzentrum Burgstraße bekam das KAV-Gymnasium das ehemalige Schulgebäude an der Magnusstraße hinzu (CZ 7.4.1978).
Seit 1969 werden am Kaiserin-Auguste-Viktoria-Gymnasium auch Jungen unterrichtet, gegründet wurde es aber 1805 als reine Mädchenschule. Es ist damit eine der ältesten höheren Mädchenanstalten in Deutschland – im damaligen Königreich Hannover nach Goslar (1804) die zweite. Das KAV begann als private Schule unter dem Generalsuperintendenten Johann Conrad Eggers als Direktor († 1814). Angefangen hat es (Bild 7.15) in der Rundestraße 10, von 1818 bis 1850 wurde in der Westcellertorstraße 17 unterrichtet und dann bis 1876 wieder in der Rundestraße 10. Seit 1834 städtische „Höhere Töchter-/Mädchenschule" konnte man 1876 mit 263 Schülerinnen einen Neubau an der Hannoverschen Straße beziehen, der im Stil der Neogotik errichtet war (Bild 7.16 – CZ 26.4.1876). Ihren heutigen Namen erhielt sie 1905 zur 100-Jahr-Feier – nach der Frau des damaligen Kaisers.
Schon vor dem Ersten Weltkrieg musste wegen steigender Schülerzahlen das Gebäude ausgebaut werden – so entstand 1910/11 im Hof der Turnhallen- und Aulaflügel. Als die Schule 1928 vom Lyzeum zum Oberlyzeum aufgewertet wurde, erhielt sie zugleich einen größeren Anbau (Bild 7.17). Mit der Reorganisation der Frauenschule 1918 waren auch zusätzliche Räume für Praxisunterricht notwendig geworden – unter anderem entstand ein Kindergarten.
Einen weiteren Fortschritt brachte 1975 der lange geforderte Bau der neuen Turnhalle (CZ 1.11.1975). Zum 100-jährigen Bestehen des Gebäudes musste Oberstudiendirektor Werner Meyer aber weiter auf große Raumprobleme hinweisen (CZ 26.4.1976). In dieser Zeit gab es durch die demographische Entwicklung besonders hohe Schülerzahlen. So berichtete Meyer 1976 von 44 Klassen an der Schule, für die aber nur 24 Klassenräume und 14 Fachräume zur Verfügung standen.

Quellen: Baudenkmäler, 7. Verwaltungsbericht, Sonderbeilage CZ 1930.

7.16 Postkarte vertrieben vom „Hamburger Engros Lager" – Inhaber dieses Celler Geschäfts war Isidor Meyer, dessen Tochter auf das KAV ging. (Postkarte vor 1902)

7.17 Das Kerngebäude des KAV (links) war schon 1910/11 zum Hof hin erweitert worden, 1928 erhielt es zur Straße hin einen weiteren Backsteinanbau. (Aufnahme: Harder um 1955, Foto: Stadtarchiv)

7.18 Das Fachwerkhaus Hannoversche Straße 51 diente von 1917 bis etwa 1962 auch dem Pastor der Concordia-Gemeinde als Wohnung. (Foto: Stadtarchiv)

7.19 Zur Verbreiterung der Straße wurde es 1962 abgerissen. Im selben Jahr wurde auch der Glockenturm der Martin-Luther-Kirche errichtet, dahinter die 1934 eingeweihte Kirche. (Foto: Stadtarchiv um 1962)

Concordia-Gemeinde

Als das KAV-Gymnasium 1876 seinen Neubau einweihte, standen südlich davon (heute Hannoversche Straße 51) noch zwei ältere Fachwerkhäuser. Alte Karten (z.B. der Stadtplan von 1925) zeigen an dieser Stelle eine Straßenverengung, die aber erst mit dem zunehmenden Autoverkehr zum Problem wurde. Zur Verbreiterung der Straße wurden die Häuser 1963 abgerissen und auch beim Nachbarhaus (Nr. 50) der nördliche Seitenflügel verkürzt (CZ 24.7.1963). Eins der beiden Häuser, das auf das Jahr 1712 zurückgehen soll, war seit 1917 das Pfarrhaus der Concordia-Gemeinde Celle (HP 17.9.1964). Das neue Pfarrhaus, etwas weiter entfernt von der Straße, konnte 1964 eingeweiht werden.

Die Concordia-Gemeinde war 1880 gegründet worden und konnte im selben Jahr ihre erste Kapelle in der Marienstraße eröffnen (siehe Kapitel 11). Als die Stadt zur Vergrößerung der Gaswerke das Grundstück benötigte, verpflichtete sie sich, dafür das Grundstück Hannoversche Straße 51 für die Gemeinde zu erwerben und darauf die Kapelle wieder aufzubauen. Letzteres geschah 1921. 1931 übernahm Karl Strauß das Pastorenamt, und Meinungsverschiedenheiten in seiner vorherigen Stadtkirchengemeinde führten zu einem starken Anstieg der Mitgliederzahlen. Gottesdienste mussten zeitweilig im Großen Saal der Union abgehalten werden, weil die alte Kapelle nicht genug Platz bot.

Für einen größeren Neubau unter Einbezug der alten Kapelle konnte man den bekannten Architekten Fritz Höger gewinnen (CZ 3.10.1933). Sein wohl bedeutendstes Bauwerk im expressionistischen Stil ist das „Chilehaus“ in Hamburg – sein Bau für die Concordia-Gemeinde ist ein wichtiges Zeugnis für den Expressionismus in Celle (Baudenkmale). 1934 konnte die neue Kirche eingeweiht werden (CZ 9.7.1934) und 1963 dann auch der freistehende Glockenturm (CZ 10.6.1963).

Quellen: Baudenkmäler, Kirche in Celle.

7.20 Das Palais Hannoversche Straße 50 war im Dezember 1953 einer der Orte, an denen der Film „Eine Liebesgeschichte" mit Karl-Ludwig Diehl, Viktor de Kowa, O.W. Fischer und Hildegard Knef gedreht wurde. (Aufnahme vor 1937, Foto: Stadtarchiv)

„Eine Liebesgeschichte"

„Da ritten bei Fackelbeleuchtung und leise herabrieselndem künstlichen Schnee preußische Dragoner in ihren malerischen Uniformen unter den Klängen des Zapfenstreiches durch das stolze Eingangsportal in den Ehrenhof, an ihrer Spitze der Rittmeister von Fredersdorf, von O.W. Fischer dargestellt, ritten um das Rondell herum, um vor der entzückenden Rokokohaustür abzuspringen, sie zu durchschreiten und im Innern in dem wundervoll-weiten Treppenhaus, das sich durch zwei Etagen nach oben schwingt, begrüßt zu werden von Victor de Kowa als Major, Karl Ludwig Diehl als Oberst und Hildegard Knef als Heldin der Liebesgeschichte." So schildert Carla Meyer-Rasch 1962 ihre Eindrücke von einer Filmszene, die 1953 im Haus Hannoversche Straße 50 gedreht wurde. Die Dreharbeiten für den Film „Eine Liebesgeschichte" (CZ 10.12. und 22.12.1953) brachten einige der damaligen Filmstars nach Celle – in Neuenhäusen wurden zudem im Landgestüt Szenen aufgenommen. Die Geschichte (nach einer Novelle von Carl Zuckmeyer) spielt im Jahre 1764, und Carla Meyer-Rasch schildert die Szene so, wie sie sich in dem Haus Hannoversche Straße 50 zum Beispiel 1817 bis etwa 1850 hätte abspielen können, als hier der General Wilhelm von Dörnberg lebte, oder von 1877 bis 1906, als hier hohe Militärs der benachbarten Kasernen lebten. Denn

7.21 *In der ehemaligen Verkaufsstelle der Dreikronen-Brennerei – Hannoversche Straße 49 – konnte das DRK Anfang der 1930er Jahre mit Hilfe der Kreissparkasse eine „Wärmehalle" einrichten. (Privatfoto um 1931)*

7.22 *Auf dem Schornstein der ehemaligen Brennerei nisteten noch lange Störche. (Privatfoto: 1960er Jahre)*

auch damals war das Haus ein gesellschaftlicher Mittelpunkt.
Erbaut um 1679 von dem Hoftrompeter Hans Georg Bodeck als eingeschossiges Haus, wurde es um 1750 bedeutend vergrößert. Möglicherweise erfolgte dies unter dem späteren Präsidenten des Oberappellationsgerichts, Thedel-Friedrich von Wallmoden, der von 1759 bis zu seinem Tod 1788 hier lebte.
Zu den späteren Bewohnern gehörte auch Ernst Drangmeister, der als Industrieller im Ruhestand nach Celle kam und 1918 das Haus bezog. Er war von 1924 bis zu seinem Rücktritt 1928 (wegen Unregelmäßigkeiten in seinem Amtsbereich) als Senator im Celler Magistrat. 1924 war er zum Bürgervorsteher als Mitglied der Deutsch-Völkischen Freiheitspartei gewählt. Bezeichnend für deren politische Position ist, dass, als Drangmeister Senator wurde, Walther Pakebusch, der spätere Kreisleiter der NSDAP, für ihn als Bürgervorsteher nachrückte.
Seit dem Ersten Weltkrieg hat sich das Haus aber auch einen positiven Namen durch die Ärzte gemacht, die hier zur Miete lebten. Einer der ersten war 1919 Dr. Petermüller, der 1936 bis 1953 Chefarzt des St. Josef-Stifts war.

Quellen: Baudenkmäler, Bertram (Celle), Carla Meyer-Rasch Bd. 2.

Störche in Celle

Auch in Celle selbst hat es vor nicht allzu langer Zeit Störche gegeben. 1952 berichtet die CZ über eine Art Wettstreit zwischen der Blumlage und Neuenhäusen: es ging darum, wo jeweils zuerst im Jahr ein Storch zu seinem Nest heimkehrt – in die Blumlage oder in das Nest auf dem Schornstein der ehemaligen „Drei-Kronen"-Brennerei (Bild 7.22) in der Hannoverschen Straße.
Vor dem Schornstein stand ursprünglich zur Straße hin ein Schuppen, an dessen Stelle 1906 eine Verkaufsstelle für die Spirituosen erbaut wurde (Bild 7.21).
Quellen: Stadtarchiv 25H228.

„Drei Kronen"

Ein Wirtshaus mit dahinter liegenden Ställen für Pferde und Rinder, daneben von der Straße aus durch einen Schuppen verdeckt die Brennerei – so zeigt ein Plan von 1904 das Anwesen der alten Gaststätte „Drei Kronen". Die Gaststätte in der Hannoverschen Straße 49 ging in den 1920er Jahren ein, das Gebäude wurde 1964 für einen Neubau abgerissen (CZ 17.3.1964). Das Gasthaus hat bereits vor 1697 bestanden, und gehörte damit zu den ältesten in Neuenhäusen.
Quellen: Stadtarchiv 25H228, Cassel Bd.1/2.

Ein Portrait von Sophie Dorothee

Zu dem Eckhaus Hannoversche Straße/Jägerstraße (Nr. 48 – Bild 7.24) gehörte ursprünglich ebenfalls ein sehr großer Garten. Er wurde um 1960 an die Celler Firma Otto Martin verkauft, die für ihren Kfz-Betrieb am Nordwall eine Erweiterung unter der neuen Adresse Jägerstraße 45 hier errichten konnte.
Erbaut wurde das repräsentative Eckhaus 1680 von dem Major und Amtsvoigt von Beedenbostel, Timon von Rauchhaupt. Aus dieser Zeit soll, wie Carla Meyer-Rasch berichtet, auch ein Portrait der Prinzessin von Ahlden, Sophie Dorothea, stammen, das lange in der Innenraum-Vertäfelung des Erdgeschosses zu sehen war, bis es ins Bomann-Museum kam.
1717 zog hier der Stallmeister Georg Roger Brown ein, der 1735 der erste Leiter des

7.23 „Drei Kronen" gehörte zu den ältesten Gastwirtschaften in Neuenhäusen. Die Aufnahme zeigt das Haus vor dem Abbruch 1964. (Foto: Stadtarchiv)

7.24 Das Eckhaus Hannoversche/Jägerstraße hat einige namhafte Bewohner gehabt – zum Beispiel den ersten Leiter des Landgestüts, Georg Roger Brown. (Foto: Stadtarchiv, Ende 1930er Jahre)

7.25 *Bei einem Neuenhäuser Schützenumzug (um 1934) wurde auch ein Blick auf den Garten des alten Gesundheitsamtes festgehalten, ...*

7.26 *... und ein Blick auf den weiteren Garten südlich des Gebäudes, und zwar an der Stelle, an der heute die Sägemühlenstraße nach der Verlegung von 1935 auf die Hannoversche Straße trifft. (Fotos: Fretzer, um 1934)*

neugegründeten Celler Landgestüts wurde. Zu den prominenten Bewohnern zählten in den 1870er Jahren Dr. phil. Christian Hostmann, der als Begründer der prähistorischen Wissenschaften gilt, und Wilhelm Bomann, der Celler Museumsförderer und Volkskundler.

Um 1878 erwarb der Major Paul Heinecke das Haus – er gehörte nach seiner Militärzeit von 1886 bis 1900 als ehrenamtlicher Senator dem Celler Magistrat an. Seine Frau Emma († 1916) war Vorsitzende des Roten Kreuzes in Celle und des Frauenvereins. Um 1917 erwarb Dr. med. Willers Jessen das Haus, der spätere Chefarzt des Kinderhospitals.

Quellen: Meyer-Rasch, Baudenkmale.

Garten statt Sägemühlenstraße

Die Kreuzung Hannoversche Straße/ Jägerstraße hatte bis etwa 1935 ein anderes Gesicht: es fehlte die Sägemühlenstraße. Diese mündete bis dahin in der Nähe der Schwedenbrücke in die Hannoversche Straße, und da dies eine sehr unfallträchtige Einmündung war, wurde sie 1935 an die heutige Stelle verlegt (CZ 1.11.1935). Dort befand sich zuvor – wie die privaten Bilder 7.25 und 7.26 zeigen – noch ein großer Garten, der zu dem heutigen Eckhaus Sägemühlenstraße/ Hannoversche Straße gehört (siehe Kapitel 8) und der bis zur damaligen Sägemühlenstraße reichte.

Quellen: 6. Verwaltungsbericht.

7.27 *Seit 1975 Haus der Selbständigen Ev.-luth. Kirche (Nr. 15c). (Foto: Enghausen 1980er Jahre)*

Fabrik und Landwirtschaftsschule

An der heutigen Kreuzung am Polizeigebäude gab es demnach früher nur zwei „Eckhäuser" am Eingang der Jägerstraße – und zwar Hannoversche Straße 48 und auf der anderen Seite das Landstallmeisterhaus (Nr. 47 – siehe Kapitel 9). Letzteres wurde 1970 zusammen mit dem Nachbarhaus Nr. 46 (Bild 7.28 und 7.30) für den Neubau eines Polizeigebäudes abgerissen.
Das Haus Nr. 46, dessen Geschichte 1673 begann, lag in der Nähe der Fuhse – und einer der erster Besitzer brauchte auch für sein Handwerk viel Wasser: Erich Reibenstein war Lohgerber. Der Beruf lässt sich hier bis in die zweite Hälfte des 18. Jahrhundert verfolgen.
1837 erwarb Georg Christian Bomann – der Vater des Museumsgründers – das Areal und errichtete hier eine Wollgarnfabrik. Diese entwickelte internationale Handelsbeziehungen. Der Sohn Wilhelm Bomann ging beispielsweise nach seiner Lehre 1868 in die New Yorker Filiale – nach dem Tod des Firmengründers 1877 und dem Ausscheiden des Schwagers führt er den Betrieb allein weiter. Er lebte mit seiner Familie selbst eine Zeit in der Hannoverschen Straße 46. Als er sich nach dem Verkauf der Firma ganz um das heutige Bomann-Museum kümmern konnte, zog er in die Bahnhofstraße.
Ein weiterer prominenter Bewohner lebte hier in der Zeit nach dem Ersten Weltkrieg bis um 1926: der Arzt und Schriftsteller Dr. Carl Credé-Hoerder (1878-1954). Unter anderem beteiligte er sich als Bürgervorsteher (1919-1924) aktiv an der Celler Kommunalpolitik. Als Schriftsteller machte er sich besonders mit dem Theaterstück „§218 – Gequälte Menschen" einen Namen. Es brachte ihm internationale Anerkennung, aber ebenfalls Gerichtsprozesse ein. 1930 wurde das Stück auch in der Celler Union aufgeführt (CZ 21.1.1930).
In dem großen Haus in der Hannoverschen Straße betrieb er seit 1919 die „Elektro-Physikalische Heilanstalt Celle", die sich 1921 im Celler Heimatbuch vorstellte: „Mit elektrischer Wärme, Bestrahlungen, Heilbädern, elektrischem Strom, Radiumbehandlung und ähnlichem gelingt es oft,

7.28 Von 1837 bis 1913 bestand die Wollgarnfabrik Bomann in der Hannoverschen Straße 46. (Aus dem Firmenbriefkopf um 1890 – Stadtarchiv)

7.29 Blick von der Schwedenbrücke auf die Fuhse: rechts die Bomannsche Fabrik mit einem Ponton im Fluss, auf dem die gefärbte Wolle gewaschen wurde. Im Hintergrund das Landgestüt. (Postkarte um 1902)

7.30 Hinter der alten Fuhsebrücke sieht man links das Haupthaus der Fabrik Bomann, das später Sitz der Jacobi-Schule wurde. (Postkarte vor 1904)

7.31 1953 wurde die Brücke aus dem Jahre 1909 ausgebaut und durch eine moderne ersetzt. Damit konnte man auch die Straße in diesem Bereich für den angewachsenen Verkehr verbreitern. (Aufnahme 1953, Foto: Stadtarchiv)

Erfolge zu erzielen, wo früher alles andere versagte." Neu war damals zum Beispiel die Bestrahlung mit „Quarzlampen-Höhensonnen".
Anschließend nutzte der Landkreis Celle das Gebäude für die „Jacobi-Schule". Diese Landwirtschaftsschule war 1923 in der Westcellertorstraße 10 gegründet worden. Im Oktober 1926 bezog sie das ehemalige Bomann-Haus und blieb hier bis um 1970, als die Berufsschule in Altenhagen errichtet und das alte Haus für den Polizeineubau abgerissen wurde.

Quellen: CZ 14.11.1970 (Carla Meyer-Rasch), 100 Jahre Bomann-Museum, 6. und 7. Verwaltungsbericht, Celler Heimatbuch.

Schwedenbrücke und „Schwedenkönig"

Als 1739 der Maurermeister Grütter die laufenden Reparaturen der Hannoverschen Straße übernahm, reichte sein Aufgabenbereich bis zur „Wester-Zeller Brücke". Der Name „Schwedenbrücke" kam erst später auf und hängt mit dem Gasthaus zusammen, das sich seit 1703 hier befand und das 1739 den Namen „Zum König von Schweden"/„Schwedenkönig" erhielt. Unter diesem Namen bestand dort bis in die 1980er Jahre ein Gasthaus – dann wurde es Ausstellungsgebäude und schließlich Privatklinik.
Auch wenn die Fuhse an dieser Stelle sehr bedächtig fließt, so entwickelte sie doch von Zeit zu Zeit bei Hochwasser/Eisgang die Kraft, die Brücke zu zerstören. So musste man sie 1784 wieder aufbauen. Im 20. Jahrhundert ist sie vor allem erneuert worden, um dem wachsenden Verkehr standzuhalten. Nachdem schon 1909 ein Neubau erfolgte (Bild 7.31 und 7.45), verband man 1953 damit auch eine Verbreiterung der Straße (HP 25.6.1953). 1982 wurde darunter eine Unterführung für den neuen Fuhserandweg hergestellt (CZ 5.8.1982).

Quellen: Stadtarchiv 23N9, 6. Verwaltungsbericht, Cassel Bd.1+2.

Kinderhospital und neue Häuser

Karten aus dem 18. Jahrhundert zeigen, dass auch südlich der Schwedenbrücke zu dieser Zeit schon – einige wenige – Häuser standen.

7.32 Zimmerhof der Firma Freiling in der Hannoverschen Straße.

Dazu gehörte in dem Bereich, in dem 1965 die Sparkasse Celle ihren ersten Autoschalter einrichtete und heute der VGH-Neubau steht, ein größeres Anwesen, das bis zur Mitte der 19. Jahrhunderts vom Bankier Carl Hostmann (1799-1858) bewohnt wurde. Nach seinem Tod verlegte der Frauenverein das 1846 in der Hannoverschen Straße 10 gegründete Kinderhospital 1859 hierher (Nr. 44), wo es bis 1880 blieb – heute ist es Teil des Allgemeinen Krankenhauses.
Auf dem heutigen VGH-Gelände befand sich bis 1962 (Nr. 43a) auch der erste Sitz der 1930 gegründeten Firma Moeck Verlag und Musikinstrumente – heute in Altencelle. Gegenüber auf der anderen Straßenseite befand sich einmal das 1906 gegründete Baugeschäft von Adolf Freiling (CZ 3.8.1956/4.5.1957), das unter anderem das Gymnasium Ernestinum baute.
Quellen: Cassel Bd.2, Moeck.

Gastwirtschaften an der Kaserne

Die weiteren Gebäude in diesem Teil der Hannoverschen Straße entstanden erst im Zusammenhang mit dem Bau der Kaserne 1842. „Die Gäste, die bei mir verkehren, zählen besonders zu den Avancierten der hiesigen Artillerie und sie kehren gewöhnlich zum Frühstück bei mir ein, auch einige derselben wohnen abwechselnd bei mir im Hause," kennzeichnet der Wirt Fritz Zager 1884 seine Kundschaft in der Hannoverschen Straße 40. Drei Gastwirtschaften lagen damals nebeneinander an dieser Stelle –

7.33 An der Straße vor dem Zimmerhof errichtete die Firma mehrere Häuser – hier Hannoversche Straße 18a. (7.32 und 7.33.: Privatfotos um 1906)

7.34 Blick in die damals noch sehr enge Hannoversche Straße mit dem alten Gasthaus „Zum König von Schweden" und der Schwedenbrücke im Hintergrund. (Postkarte Mitte 1930er Jahre)

7.35 Beim Hochwasser im Januar 1918 versuchte man durch Ackerwagen in diesem Teil der Straße einen Fußgängersteg einzurichten. (Postkarte 1918)

7.36 An der Hannoverschen Straße gegenüber der Cambridge-Dragoner-Kaserne entstanden im 19. Jahrhundert mehrere Gastwirtschaften. Dazu gehörte auch das Gasthaus Stute. (Postkarte vor 1914)

Nr. 40 bis 42. Geblieben ist davon das Gasthaus „Stute", das seinen Namen durch den „Schlachter und Restaurateur" Carl Stute erhielt, der es 1896 übernahm. Er hatte es schon als Artillerist selbst genießen können. Mit ihm kamen auch neue Ideen: „Um meinen Gästen die Annehmlichkeit gewähren zu können, bei der jetzigen warmen Jahreszeit im Freien sitzen zu können, erlaube ich mir die Bitte, mir hochgeneigtest gestatten zu wollen, vor meinem Hause, ähnlich wie bei Herrn Sussmann einige Tische und Stühle aufstellen zu dürfen, dazwischen Kübel mit Schlingpflanzen." 5 Meter breit war damals der Bürgersteig vor seinem Haus, etwa 1,5 Meter davon wollte Stute für seine Außenplätze nutzen.

Quellen: Stadtarchiv 25H227 und 9A30 Bd.8.

CD-Kaserne

Soldaten und Offiziere wurden in früheren Jahrhunderten in den Häusern der Bürger und der Einwohner der Vorstädte einquartiert. Das änderte sich in Celle erstmals 1842, als mit dem Bau einer Kaserne für das 3. Dragonerregiment „Herzog von Cambridge" in der Hannoverschen Straße 30 (heutige Hausnummer) erstmals solch eine Sammelunterkunft geschaffen wurde.
„Das alte Kasernengebäude besteht aus dem Kasino an der Straße und dem dreiteiligen Gebäude für Mannschaften und Pferde dahinter," und letztere Gebäude seien rund 200 Meter lang, heißt es in einem Zeitungsartikel 1929 (CZ 21.9.29). Damals war das Gebäude als Folge der Truppenreduzierung nach dem Ersten Weltkriegs jedoch kaum belegt – 50 Mann mit 20 Pferden und acht Familien lebten hier und wohl durch Brandstiftung hatte es schon mindestens viermal in diesem Jahr gebrannt.
Mitte der 1930er Jahre bei der Wiederaufrüstung des Deutschen Reiches wurde die Kaserne dann stark vergrößert. Nach dem Krieg wurde sie vom den Briten als „Goodwood Baracks" genutzt, 1980 erhielt sie in Anlehnung an das erste hier stationierte Regiment den Namen „Cambridge Dragoons Baracks" (CM 31.10.1980). Seit 1976 wurde sie auch von der Bundeswehr ständig genutzt, und zwar vom Stab der Panzerbrigade 33.

In einem Teil des Gebäudes konnte 1993 das Garnison-Museum eröffnet werden (CZ, 6.11.1993). Wenig später wurde die militärische Anlage jedoch aufgegeben (CZ 16.11.1993) – auf dem großen Areal, das bis zur Straße Im Werder reicht, wurden viele neue zivile Nutzungen, insbesondere das Jugend- und Veranstaltungszentrum „CD-Kaserne" eingerichtet.
Auch die Heidekaserne (heute: Neues Rathaus) wurde etwa zur selben Zeit frei. Sie spielte eine Hauptrolle in dem 1996 gedrehten Fernsehkrimi „Gegen den Strom" – ihr Hauptquartier richteten die Filmleute in einem Nebengebäude der CD-Kaserne ein. Weitere Drehorte in Neuenhäusen waren der Bahnhof und eine alte Villa in der Bernstorffstraße (CZ 24.7.1996).

Quellen: Baudenkmale, 6.+7. Verwaltungsbericht

Westercelle

Hinter der Kaserne, etwa im Bereich der Kreuzung Hannoversche/Bernstorffstraße lag vor 1897 die Grenze der Stadt zur Gemeinde Westercelle. Im Zusammenhang mit dem Bau des Güterbahnhofs kam 1897 dann der große Bereich westlich der Hannoverschen Straße bis zum Waldweg zu Celle. Und 1904 konnte Celle noch ein Stück zwischen Bernstorffstraße und Im Werder erhalten. 1939 gab es die nächste Stadterweiterung: Damals kam das Gebiet bis zum heutigen Mondhagen und im Osten der Hannoverschen Straße bis zum Wederweg hinzu.
Stand die Stadterweiterung in den 1890er Jahren eng im Zusammenhang mit dem Bau des Güterbahnhofes und den damit erwarteten Gewerbeansiedlungen in der Nähe der Gleise, so boten sich auch im Bereich der Hannoverschen Straße schon früh Siedlungsansätze außerhalb des eigentlichen Dorfgebietes von Westercelle an. Als beispielsweise eine der drei Gastwirtschaften gegenüber der CD-Kaserne 1899 eine neue Konzession haben wollte, hatte der Antragsteller Julius Winkel große Pläne. Denn nicht nur das Militär war sein Kunde: „Die Westensche Eisenfabrik wird so vergrößert, das noch 100 Mann mehr beschäftigt werden sollen," berichtet er. Dabei handelt es sich um die Maschinenfabrik und Eisengießerei Albert

7.37 Das Hochwasser von 1918 war auch für die Soldaten der Kaserne eine Sehenswürdigkeit, die auf einer Postkarte festgehalten wurde. (Postkarte 1918)

7.38 Der ursprüngliche Haupteingang der Cambridge-Dragoner-Kaserne nach der Neugestaltung in den 1930er Jahren. Im historischen Gebäude im Hintergrund befindet sich heute das Ost-West-Zentrum. (Postkarte um 1937)

7.39 Die Gabelung Hannoversche Straße/Bernstoffstraße vor dem Bau des Hochhauses der ehemaligen Firma Licht-Wolf. (um 1963, Foto: Stadtarchiv)

7.40 Die Forstbaumschule Emmerich war seit etwa 1909 in der Hannoverschen Heerstraße ansässig. Das Unternehmen belieferte Forstämter und Waldbesitzer in ganz Deutschland. (Privatfoto um 1960)

Westen an der heutigen Windmühlenstraße – in deren Gebäude seit 1906 die Maschinenfabrik Gebr. Schäfer arbeitete.

Quellen: Karten, Stadtarchiv 25H226, Moeck.

Gartenbau und Farben

Zu den ältesten Firmen im Bereich der Hannoverschen Straße zählten die „Vereinigten Deutschen Lackwerke", die bis in die 1980er Jahre bestanden haben – letzter Inhaber war Otto Zimmermann. 1895/6 war die Fabrik von Albert Kissel in der heutigen Straße Im Werder gegründet worden. „Westerercelle Nr. 145" lautete die Adresse damals noch, erst in den 1930er Jahren findet man einen Straßennamen: „Fabrikweg 4" in Westercelle – benannt nach den Farbwerken. Auf Celler Seite bekam die Straße, die von der Hannoverschen Straße zu der Fabrik führte (so die damalige Wegbeschreibung), 1904 den Namen „Artilleriestraße" (1945 dann: Bernstorffstraße).
Zur selben Zeit erhielt die Hannoversche Heerstraße „von dem Knickpunkte gegenüber dem Kisselschen Wohnwesen" damals den Namen „Adelheidsdorferstraße". Mit der Adresse Adelheidsdorferstraße 17 (heute Hannoversche Heerstraße 35) findet man 1909 zum ersten Mal im Adressbuch den Forstbaumschulenbetrieb Emmerich, der 1889 in Fuhrberg gegründet worden war. Firmengründer Willi Emmerich († 1934) verlegte seinen Betrieb wegen der großen Nachfrage nach Celle – er selbst wohnte seit etwa 1914 auf der anderen Straßenseite in (!) Westercelle (heute Nr. 23). Nach dem Ersten Weltkrieg trat sein Sohn

Willi Emmerich Celle
FORSTBAUMSCHULEN UND WALDSAMEREIEN
Seit 75 Jahren Forstpflanzenzucht nach forstwirtschaftlichen und forstwissenschaftlichen Grundsätzen
Mitglied der Deutschen Kontrollvereinigung für forstliches Saat- und Pflanzgut

7.41 Briefkopf der Firma Emmerich, mit der sie auf 75 Jahre Forstpflanzenzucht verwies. (Privatbesitz)

7.42 In der heutigen Straße Im Werder befand sich seit etwa 1895 eine Lackfabrik. (Anzeige aus dem Heft „Celle die alte Herzogstadt", 1920er Jahre)

Hermann (1887-1972) in den Betrieb ein und machte daraus ein Unternehmen, das Kunden in ganz Deutschland bediente. In Anerkennung seiner Verdienste wurde er zum Präsidenten des Landesverbandes der Forstsamen- und Forstpflanzenbetriebe gewählt, und in Celle war er Präsident des „Allerklubs" sowie Vorsitzender des Reit- und Fahrvereins Westercelle/Altencelle (CZ 21.7. 1962).

„Auf der Hannoverschen Heerstraße erhebt sich ein stattliches Gebäude, welches dem Betrieb der Firma Samenzucht GmbH Celle dient," heißt es in den 1920er Jahren bei einem Rundgang durch die Celler Geschäftswelt. Gemeint ist das Haus Nr. 29, in dem die 1903 gegründete Firma Hagemann bis in die 1970er Jahre arbeitete. Etwas südlich davon entstand Ende der 1970er Jahre eine große Kreuzung, als mit dem Ausbau und der Fortführung des Wederweges das Tangentensystem um die Stadt seinen vorläufigen Abschluss fand.

Ein „Blickfang am südlichen Eingang der Stadt" (CZ 12.10.1967, wie das folgende), das Hochhaus Hannoversche Straße 33, erinnert heute noch an eine weitere Firma. Gegründet wurde sie von Philipp Wolf 1932 in der Bergstraße als Auto-Elektrik-Spezialbetrieb. 1939 kaufte Wolf das große Grundstück Hannoversche Straße 33/34. Hier stand bis zum Bau des heutigen Hochhauses 1966 ein älteres Wohnpalais (Bild 7.38), in dem in der zweiten Hälfte des 19. Jahrhunderts der wohlhabende Oeconom J. Mejer lebte. 1985 wurde die Ph. Wolf KG durch den Großbrand ihrer Lagerhalle getroffen (CZ 1.3.1985).

Quellen: Moeck, Stadtarchiv 8A30, Adressbücher, Celle die alte Herzogstadt, 7. Verwaltungsbericht.

7.43 Farbkarte der „Vereinigte Deutsche Lackwerke Zimmermann & Co". (Privatbesitz)

7.44 Der Stadtteil Neuenhäusen reicht im Südosten bis an den Wederweg. Hier wurde 1995 das Gemeindezentrum der Ev.-freikirchlichen Gemeinde (Baptisten) errichtet. (Foto: Enghausen 2001)

7.45 Die Schwedenbrücke bildete bis zu ihrem Neubau um 1953 auch einen Engpass für den wachsenden Verkehr. (Foto vor 1953, Stadtarchiv)

7.46 Zwischen den Häusern Hannoversche Straße 16 (ganz links) und 17 (Bildmitte, abgerissen 1938) zweigte bis Mitte der 1930er Jahre die Sägemühlenstraße ab. (Foto vor 1938, Stadtarchiv)

Die alte Sägemühlenstraße

„Ecke Sägemühlenstraße, unweit der neuen Fuhsebrücke, gegenüber der Landwirtschaftlichen Winterschule (Jacobi-Schule) haben wir die Gelegenheit, das Atelier von Johannes Harder einer eingehenden Besichtigung zu unterziehen." So beschreibt ein Celle-Heft aus den 1920er Jahren etwa die Situation, die in dem Bild 7.46 dargestellt wird: Die alte Einmündung der Sägemühlenstraße zwischen den Häusern Hannoversche Straße 16 und 17. 1935 (CZ 1.11.1935) wurde die Straße so verlegt, dass sie nun auf die Jägerstraße zuläuft – aber das Stück zwischen den bei den Häusern (Nr. 16 und 17) wurde erst 1953 als Straße aufgehoben.

Das Haus Nr. 17 (Bild 7.46) wurde jedoch schon 1938 abgerissen. Der Kiosk dort wurde in den 1920er Jahren von dem Redakteur Otto Weltzien betrieben, der unter anderem 1926 die „Celler Geschichte im Grundriss dargestellt" veröffentlichte.

Quellen: Celle die alte Herzogstadt, Stadtarchiv 61/610-19 und 30/84.

Rund um die Sägemühlenstraße

Bilder auf der vorigen Seite:
8.1 Blick über die Fuhse (hier fälschlich als „Allerpartie" bezeichnet) auf das damalige Garnisonslazarett – heute Finanzamt – in der Sägemühlenstraße. (Postkarte vor 1905)

8.2 Vorläufer des heutigen Badelandes: Die alte Flussbadeanstalt in der Fuhse. (Privatfoto 1920er Jahre)

8.3 Die alte Sägemühlenstraße – im Vordergrund – liess noch Platz für einen großen Park vor dem Garnisonslazarett. (Postkarte vor 1918)

8.4 Zu dem Park des Garnisonslazaretts gehörte auch ein Wandelgang mit Rosenbögen direkt am Haus. (Ausschnitt aus einer Postkarte vor 1918)

8.5 Das kleine Nebenhaus des Finanzamtes ist das älteste, für das Militär an der Sägemühlenstraße errichtete Gebäude. (Postkarte vor 1918)

Lazarett und Finanzamt

Sägemühlenstraße Nr. 1, das war bis zum Jahre 1905 die Adresse des Garnisonslazaretts – das jetzige Finanzamt (heute die Nr. 5). 1905 wurde der langsam sich ausweitenden Besiedlung in diesem Raum durch eine neue Nummerierung Rechnung getragen.
Das Garnisonslazarett selbst war zu dieser Zeit noch nicht so alt. Erbaut wurde es 1874 bis 1878 im Stile der Neugotik, nachdem die Heidekaserne (gebaut 1869-72) errichtet worden war. Umgeben war es von einem großen Park, der von außerhalb kaum eingesehen werden konnte (Bild 8.3, 8.4). Die „unschöne Mauer, die das Grundstück des Finanzamtes den Blicken der Vorübergehenden entzog, ist bereits seit einiger Zeit abgerissen", hieß es 1935, als im Zuge der Verlegung der Sägemühlenstraße auch hier Veränderungen stattfanden (CZ 1.11.1935).
Damit wird schon auf die spätere Nutzung hingewiesen: Nach der Abrüstung als Folge des Ersten Weltkrieges bezog das Versorgungsamt das Lazarettgebäude – nach dessen Auflösung kam 1932 das Finanzamt. 1919 war mit der Einführung der Reichssteuerverwaltung im Haus der Kreisverwaltung (Trift 31) das Staatssteueramt entstanden, das schon bald 14 eigene Räume im Schloss beziehen konnte (CZ 18.12.1965). Aber auch dies wurde mit rund 60 Mitarbeitern (seit 1922) zu eng, so dass man 1932 in die Sägemühlenstraße zog.
1958/59 erweiterte sich das Finanzamt um das benachbarte Fachwerkgebäude, das an der Sägemühlenstraße wohl das erste Versorgungsgebäude für die Kasernen war. Hier saß seit 1932 das Hauptzollamt Celle, das 1960 den Neubau auf der anderen Straßenseite beziehen konnte (CZ 16.1.1960). 1965 erfolgte für das Finanzamt ein größerer Anbau am Hauptgebäude,

8.6 Neuenhäusen um 1935 aus der Luft betrachtet: Im Vordergrund das Landgestüt, rechts die alte Sägemühlenstraße vor ihrer Verlegung mit dem Lazarett und der Altstädter Schule. (Luftbild um 1935, Foto: Steinbömer)
8.7 Zum Vergleich die Sägemühlenstraße in dem Stadtplan von 1925. (Stadtarchiv)

und 1987 wurde es durch das Eckhaus zur Hannoverschen Straße noch einmal erweitert (CZ 19.12.1987).

Quellen: Stadtarchiv 8A30, Baudenkmale, 7. Verwaltungsbericht, Cassel Bd.2.

Die alte Sägemühlenstraße

Die Sägemühlenstraße war einst nur ein Nebenweg, der die Sägemühle – im Bereich des heutigen Freibades – mit der Stadt (Magnusgrabenbrücke gebaut um 1720) und mit der Schwedenbrücke verband. Entsprechend war sie nicht geradlinig, sondern relativ „krumm".
Dies änderte sich erst 1935/36, als man eine weitergehende Straßenanbindung anstrebte (CZ 1.11.1935 und 16.8.1936). Nach Westen hin wurde die Straße durch die großen Gärten des ehemaligen Garnisonslazaretts und des Palais an der Hannoverschen Straße ver-

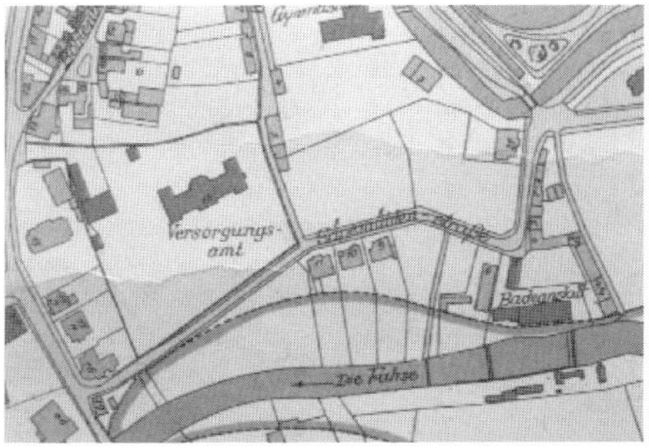

8.8 Blick von der Herrenwiese auf das damalige Ende der Sägemühlenstraße, der Schornstein links gehört zur Badeanstalt. (Privatfoto Mitte 1930er Jahre)

8.9 Die „Waschanstalt Kaiser" setzte noch bis Mitte der 1930er Jahre die lange Tradition der Wäschebleichen im Bereich der Sägemühlenstraße fort – vor dem Haus der Lieferwagen der Firma. (Privatfoto um 1930)

legt, so dass sie auf die Jägerstraße stieß. Pläne dazu gab es schon 1925, doch die Landesbehörden meinten damals noch, dass bei den Grundstücksveränderungen „die Belange des Reiches zu stark geschädigt würden." Die Veränderungen in die andere Richtung – die Begradigung der Verbindung Sägemühlenstraße/Schwarzer Weg – begannen nach Vorarbeiten dann 1955 (CZ 12.5.1955).

Quellen: 6. Verwaltungsbericht, Stadtarchiv 30/79

Wäscherei und Bleichen

Eine direkte Verbindung nach Osten, wie sie heute besteht, gab es früher nicht – im Gegenteil, die Sägemühlenstraße schwenkte etwa beim heutigen Freibad in Richtung Norden zur Brücke über den Magnusgraben, und gerade an dieser Stelle war sie von einer Reihe Häuser gesäumt – siehe Bild 8.7/8.8.
„Das Wohnhaus mit Nebengebäuden in Celle, Sägemühlenstraße Nr. 30 (früher Wäscherei Kaiser) soll wegen Veränderung der Sägemühlenstraße abgebrochen werden," zeigte die Stadtverwaltung 1938 an (CZ 27.8.1938), um diese Barriere zu durchbrechen. Damit sollte die Sägemühlenstraße direkt auf die damalige „Emichstraße" treffen, die südlich an der Garnisonskirche und dem ehemaligen Offizierskasino vorbei führte. Vor dem Freibad blieb dabei eine Art Kreisverkehr erhalten, der erst mit einer weiteren Begradigung ab 1955 aufgelöst wurde. 1974/75 beim Bau der Parkpalette Langensalzaplatz – der ersten in Celle – entstand die heutige Verkehrsführung.
Die schon erwähnte „Wäscherei Kaiser" erinnert an ein altes Gewerbe in diesem Gebiet: Das der Bleicher. Dieses nahm im 19. Jahrhundert einen richtigen Aufschwung; mindestens acht Bleicherhöfe sind in Celle damals bekannt: vier an der Fuhse (Jägerstraße und Landgestütstraße), zwei am Magnusgraben (Kanonenstraße und Sägemühlenstraße) und zwei an der Aller (Mühlenstraße). Auf dem spateren Grundstück des Ernestinums soll nach Cassel schon um 1758 ein Bleicherhof gewesen sein, der bis etwa 1910 bestand (Beinsen/Pieper). An der damaligen Sägemühlenstraße 2 (heute etwa Parkpalette) ist seit der Mitte des 19. Jahr-

hunderts eine Bleiche nachweisbar. Hier gründete um 1862 auch Marie-Dorothea Kaiser ihr Geschäft, nachdem sie schon zuvor für ihren Mann und seine Kollegen aus der Kaserne gewaschen hatte (CZ 7.10.1933). In einem Zeitungsartikel von 1933 wird der Familie Kaiser noch „Allzeit gut Wetter für die Rasenbleiche" gewünscht – noch damals wurde die weiße Wäsche zum Bleichen in die Sonne gelegt, auch wenn seit dem Anfang des Jahrhunderts schon die Wäscherei auf „Maschinenbetrieb" umgestellt worden war. Nach dem Abbruch des Hauses in der Sägemühlenstraße setzte die Firma ihren Betrieb in der Breiten Straße fort.

Quellen: 6.+7. Verwaltungsbericht, Stadtarchiv 30/79, Cassel Bd.2, Adressbuch.

8.11 1938 musste die Wäscherei Kaiser umziehen, weil dieses Haus für den Straßendurchbruch abgerissen werden sollte. (Foto: Stadtarchiv, vor 1938)

Garnisonskirche

Eine Kirche für die Garnisonsgemeinde lässt sich schon vor dem Bau der Kasernen im 19. Jahrhundert nachweisen. Nachdem dazu zunächst bis zu ihrer Zerstörung 1757 die

8.10 Die Garnisonskirche vor dem Bau der Parkpalette. (Foto: Enghausen vor 1974)

8.12 Dieser Durchbruch, der die Sägemühlenstraße direkt mit der 77er-Straße verband, erfolgte erst um 1955. Rechts auf dem heutigen Freibadgelände noch ein Rest der alten Hauszeile. (Privatfoto um 1955)

8.13 Der Eingang zur Badeanstalt (rechts) an der alten Sägemühlenstraße, direkt daneben das Haus des Bademeisters. (Postkarte um 1910)

8.14 Die wohl älteste erhaltene Aufnahme der Badeanstalt an der Fuhse. Im Vordergrund die Flussbadeanstalt, am rechten Bildrand das Haus für die Wannenbäder. (Privatfoto vor 1928)

Kapelle im ehemaligen St. Annen-Hospital in der Fritzenwiese diente, nutzte man dann die ehemalige Totenkapelle auf dem Bürgerfriedhof vor dem Hehlentor. 1901/02 wurde die heutige Garnisonskirche im Stile des Historismus in der Nähe der Kasernen errichtet.

Bis 1997 wurde sie von der jeweiligen Militärgemeinde genutzt. Nachdem am 29. Juni 1997 die britische Gemeinde hier ihren letzten Gottesdienst gehalten hatte (CZ 30.6.1997), konnte der Evangelisch-lutherische Kirchenkreis hier zunächst eine große Ausstellung zum 500. Geburtstag des Reformators Philipp Melanchthon zeigen (CZ 2.10.1997). Das Bundesvermögensamt verkaufte das Gebäude dann schließlich an private Investoren zur weiteren Nutzung als Kirche (CZ 24.12.1997). Hier bildete sich die „Philipp-Melanchthon-Gemeinde", deren erster Seelsorger Pastor i.R. Dr. Rudolf Strauß wurde.

Quellen: Baudenkmäler.

Die Sägemühle

Ihren Namen hat die Sägemühlenstraße nach einem technischen Gebäude, das hier schon in einem Steuerverzeichnis von 1711 bezeugt ist (Siebern: Sägemühlenstraße 5). Daneben lag einst die „Pulvermühle" (für Schießpulver), die sich nach Cassel im 17. Jahrhundert an dem Gabelungspunkt von Fuhse und Tätze befand (Sägemühlenstraße 6). Mit „Tätze" ist dabei der heutige Lauf der Fuhse zur Neustadt hin bezeichnet, mit „Fuhse" die Abzweigung nach Norden zum Magnusgraben, wie sie alte Karten noch zeigen.

Das Amtslagerbuch der Burgvogtei von 1664 kennt nur die Pulvermühle mit ihrem Mühlenkolk an der Fuhse, 1711 ist dann „die Herrschafftl. Sägemühle" aber wohl schon einige Zeit vorhanden. Wie lange dies mit Wasserkraft betriebene Sägewerk genutzt wurde, ist nicht bekannt. Letzter Besitzer war um 1890 der Zimmermeister Ernst Fricke. 1892 brannte das Gebäude größtenteils ab und als nächster Besitzer ist dann der Badehallenbesitzer H. Stöver bekannt.

Quellen: Siebern, Stadtarchiv 23E13, Cassel, Nds. Hauptstaatsarchiv Hannover: Hann 74 Celle Nr. 52.

Vom Flussbad zum Freibad

„Erwachsene Civilpersonen und Kinder baden zur Zeit allgemein in der Fuhse oberhalb der Bährwald'schen Badeanstalt. Hierbei wird die fiskalische Herrenwiese trotz aufgestellter 3 Warntafeln so zahlreich betreten und so erheblich beschädigt, daß es unmöglich erschien, die einzelnen Personen fortzuweisen und zur Strafanzeige zu bringen." Diese Klage des Königlichen Domänenamtes vom 11. August 1914 zeigt, dass die Celler noch lange nach der Entstehung von Badeanstalten außerhalb dieser in den Flüssen badeten. Bekannt ist dies vor allem von der Aller, die Klage ist ein seltener Hinweis auf die Fuhse.

Die „Herrenwiese" – heute noch durch den gleichnamigen Sportplatz bekannt – hatte damals auch landwirtschaftliche Bedeutung. Das änderte sich erst 1936, als die Stadt sie ankaufte und mit Sand aus Altencelle (Schinderkuhle) erhöhte, um darauf einen Festplatz/Grünanlage zu errichten (HK 26.4.1936, CZ 16.8.1936).

Die erste Nachricht über eine Badeanstalt in Celle (nach den mittelalterlichen Badestuben) stammt aus dem Haus Trift 30: Der Franzose de la Noue wollte hier kalte und warme Bäder verabreichen, und der damalige Stadtphysicus Dr. Albrecht Thaer befürwortete dies 1798 (CZ 16.5.1931). Allerdings blieb es hier auch bei seinem Nachfolger E.A. Sander noch bei diesen medizinischen Bädern. Wohl mit einem Flussbad verbunden war die Badeanstalt aber unter den späteren Besitzern Wilhelm Wüstefeld, Diederich Hestermann und zuletzt Fritz Schlake (bis etwa 1909).

Karl Bärwald berichtet später aus seiner Familienchronik (CZ 24.7.1942), wie die 1847 vom Arzt Dr. Himly im Kolk der Ratsmühle eingerichtete Flussbadeanstalt aussah: „Dieser wasserfrohe Doktor hatte den kolossalen Strom, den die unterschlächtige Aller hinter der Ratsmühle mit sich führte, als eine ideale Badegelegenheit erkannt und mitten in den Strudel hinein ein Badehaus gestellt. Das war 50 Fuß lang und 50 Fuß breit, hatte sieben Zellenbäder und war mit einem langen Gang mit der Herrenbadeanstalt verbunden, die sich später da, wo der Strom sich mehr be-

8.15 Auch ein Sommerhochwasser konnte den Badespaß nicht aufhalten – Blick auf das südliche Flussufer. (Privatfoto vor 1928)

8.16 Eine Anzeige im Celler Adressbuch zeigt das vielseitige Angebot von Carl Bärwald in der „Celler Badeanstalt" – für seine Flussbadeanstalt brauchte er keine Reklame zu machen. (Anzeige 1915)

8.17 Blick in das Herrenbad. Daneben, hinter dem Walzenwehr und dem Bretterzaun darauf (ganz rechts), lag das Damenbad. (Privatfoto vor 1928)

8.18 In der ersten Zeit herrschte strenge Geschlechtertrennung im Celler Freibad – hier das Damenbad –, bis dann in den 1920er Jahren eine mutige Frau das Tabu durchbrach. (Privatfoto vor 1928)

ruhigt, entwickelte." Bärwald hatte diese Badeanstalt um 1890 übernommen und musste sich dann 1896 nach etwas neuem umsehen, als der Platz für die Erweiterung der Ratsmühle gebraucht wurde.

Damals hatte der „Architekt" Stöver, wie er sich 1942 erinnerte, gerade an der Sägemühlenstraße eine Badeanstalt „zum Verkauf" gebaut. Mit Wehmut dachte er aber an das saubere Allerwasser zurück. „Besonders wenn die Gewitterregen den Hof der 'Schwärze' abgespült hatten, sah mein Badewasser bös aus," und auch das wuchernde Kraut in der Fuhse machte ihm anfangs manche Sorgen.

Ein öffentliches Bad gab es damals in Celle aber noch nicht, das „wilde Baden" in den Flüssen nahm zu und die „Sittenpolizei war machtlos" (CZ 26.1.1931 wie das folgende). 1905 verpflichtete sich Bärwald gegen eine jährliche Vergütung eine „öffentliche Volksbadeanstalt" an der Fuhse unterhalb seiner Badeanstalt zu errichten. Nach einem weiteren Vertrag richtet er 1913 auch ein „Volksbrausebad" ein – das Gebäude wurde erst 1963 abgerissen (HP 7.6.1963).

Nach dem Ersten Weltkrieg (CZ 24.7.1942) übernahm Otto Junghans die Badeanstalt und 1924 dann die Stadt – und verpachtete sie an Junghans (bis 1936). Dies war übrigens die Zeit, als sich der Celler Schwimm Club und der MTV Celle energisch dagegen wehren mussten, dass nun wieder „Badetrikots" bei Männern gefordert wurden und die Badehose nicht mehr genügen sollte.

Zur Abrundung des Geländes kaufte die Stadt 1925 die benachbarten Grundstücke Nr. 3 und 4. 1928 bis 1930 erfolgte dann ein größerer Umbau, bei dem unter anderem das Flussbett mit einer Betonmauer versehen wurde. Ein 50-Meter-Schwimmbecken wurde geschaffen, „eine Wirtschaftsterrasse angelegt, Umkleideräume, Liegeplätze für Luftbäder und ein Planschbecken für Kinder vervollkommneten die ganze Anlage, die durch ihre nahe Verbindung mit dem Jahnplatz auch dem Sportgedanken Rechnung trägt" (CZ 16.5.1931) – der „Neue Jahnplatz" wurde 1927 als Sportplatz errichtet.

1936 übernahm die Stadt das Bad in Eigenverwaltung. Nach dem Zweiten Weltkrieg wurde das Freibad von den Engländern beschlagnahmt und für die Öffentlichkeit gesperrt. Ab 1952 wurden jedoch Badezeiten für die Celler eingerichtet und seit 1960 war es dann ohne Einschränkungen öffentlich nutzbar. Um es aus der Hochwasserzone zu bekommen, entstanden schon bald Pläne zur Verlegung der Fuhse auf rund 600 Metern Länge, was dann 1978/9 geschah (CZ 25.10.1978). 1983 wurde die neu gestaltete Freibadanlage eröffnet und 1985 als Attraktion die „Riesenrutsche". (CZ 25.6.1983, 17.5.1985).

Quellen: Stadtarchiv 25E45 und 25E47, Cassel Bd. 2, 6. und 7. Verwaltungsbericht.

Das Hallenbad

Schon in den 1920er Jahren kam die Idee eines Hallenbadbaus in Celle auf (CZ 4.12.1928). 1951 wurde dann erneut ein Verein zu diesem Zweck gegründet, der durch eine Lotterie auch eine finanzielle Basis schuf. Nachdem 1960 der Grundstein gelegt worden war, konnte das Hallenbad am 15. Dezember 1962 offiziell eingeweiht werden. Es wurde im Laufe der Zeit mehrfach erweitert – 1990 entstand das Erlebnisbecken mit Rutschen (CM 6.9.1990).

Quellen: 7. Verwaltungsbericht.

Kanonen und Kirchenglocken

Nur noch der Name „Kanonenstraße" erinnert heute an einen Betrieb, der insbesondere im 18. Jahrhundert eine Blüte erlebte. An dem ehemaligen Gießhaus, in dem Kanonen, aber auch Glocken (1753 auch eine für die Neuenhäuser Kirche) hergestellt wurden, in der Kanonenstraße 7 (heute katholische Schule) soll sich ein Balken mit einer Inschrift von 1659 befunden haben.

Quellen: Siebern, CZ 26.8.1963.

St. Ludwig-Kirche

1678 entstand auch in Celle wieder eine katholische Gemeinde, zu der damals so bedeutende Männer gehörten wie Stechinelli, Guizetti und Lucas von Bucco. Bucco erwarb 1710 das Anwesen zwischen Magnusgraben und Kanonenstraße für die junge Gemeinde und hier wurde bald eine erste Kapelle er-

8.19 Um 1928 erhielten die Ufer eine Betoneinfassung und ein Planschbecken entstand. Im Hintergrund der „Neue Jahnplatz". (Privatfoto um 1928)

8.20 Außerdem entstand um diese Zeit ein 50-Meter-Sportschwimmbecken, welches 1929 durch den Celler Oberbürgermeister Ernst Meyer eröffnet wurde. (Privatfoto 1929)

8.21 Blick über das Gelände einer alten Wäschebleiche – heute bebaut mit Altstädter Schule und Ernestinum. (Aufnahme um 1900, Foto: Steinbömer)

8.22 Am Ende des 19. Jahrhundert entstanden in der Kanonenstraße die Gebäude für die Katholische Schule (links) und das Krankenhaus St. Josef-Stift – hier noch ohne die späteren Erweiterungsbauten. (Aufnahme um 1900, Foto: Stadtarchiv)

richtet. 1986 konnte die Gemeinde an das Fest der Kirchweihe vor 275 Jahren erinnern (CZ 4.7.1986). Nachdem Celle 1824 endgültig als Pfarrei anerkannt worden war, gelang es mit Unterstützung des bayrischen Königs Ludwig I., aber auch mit einer kleineren Spendensammlung in niedersächsischen Kirchen sowie mit einem Zuschuss der Stadt Celle 1835 bis 1838 die heutige St. Ludwigskirche zu bauen. Sie gilt als bedeutendster Kirchenbau in Celle im 19. Jahrhundert. Die Türme erhielt sie erst 1880/81.
1969 konnte die Gemeinde, die nach dem Zweiten Weltkrieg deutlich gewachsen war, den benachbarten Sandkrug kaufen (HP 5.3.1969) und zum Gemeindezentrum ausbauen. Das historische Haupthaus, das jetzige Niels-Stensen-Haus, war 1988 vollständig restauriert worden, und 1994 konnte man den modernen Neubau des Pfarrheim neben der Kirche eröffnen (CK 7.9.1994).

Quellen: Kirche in Celle, Baudenkmäler, Zimmerle.

Krankenhaus und Schule

1993 feierte auch die Katholische Schule ihr 275-jähriges Bestehen (CZ 19.11.1993). Seit 1847 hatte sie ein eigenes Gebäude auf dem Kirchengrundstück (Kanonenstraße 2), in den 1890er Jahren entstand der Bau auf der anderen Straßenseite (Nr. 7), neben dem St. Josef-Stift. Letzteres war 1871 im Haus Bullenberg 10 eingerichtet worden, betreut für rund 100 Jahre von Schwestern der Kongregation der Vinzentinerinnen. In den 1880er Jahren kamen die Grundstücke Kanonenstraße 8 und 9 hinzu. Hier wurde 1891/92 der heutige Altbau als „Kommunikantenanstalt" errichtet, während man das ursprüngliche Haus am Bullenberg erstmals als Krankenhaus nutzte (CZ 18.6.1930). Letzteres wuchs schnell und konnte 1900 den Bau von 1891 ganz nutzen. Später kamen die Häuser Bohlenberg 11 (1899) und 9 (1920er Jahre) hinzu, wo bis 1930 ein Anbau errichtet wurde. 1960 wurde ein Schwesternwohnheim und 1966 daneben ein neuer Bettentrakt gebaut. 1997 konnte das Krankenhaus, das seit 1980 von einer eigenen Stiftung getragen wird, noch einmal bedeutend erweitert werden (CK 15.3.1997).

Quellen: Kirche in Celle, 6. und 7. Verwaltungsbericht.

Drei neue Schulen

Der Ausgang der Kanonenstraße war zur Sägemühlenstraße lange durch ein altes Fachwerkhaus versperrt. Zu diesem gehörte die große Bleicherwiese, auf der heute das Ernestinum und die Altstädter Schule stehen (CZ 29.10,1941). Die Stadt erwarb das Grundstück 1911, auch um die Kanonenstraße deutlich zu verbreitern – dazu trat ebenfalls die katholische Gemeinde etwas ab, und bekam dafür einen Streifen von der alten Bleicherwiese. Aber erst 1967 wurde das Haus, das die Straße bisher zur Sackgasse machte, abgerissen (CZ 11.2.1967).
Zu diesem Zeitpunkt bestand auf dem ehemaligen Bleichergrundstück schon die Pestalozzischule, der letzte von drei Schulbauten, die auf diesem Areal entstanden. Als „städtische Hilfsschule" war sie 1913 in der Breiten Straße 1 entstanden. 1939 zog sie in die Räume der damals von den Nationalsozialisten aufgehobenen katholischen Schule. Nachdem letztere 1948 wieder arbeiten konnte, nutzten beide Schulen dies Haus, bis die Pestalozzischule 1954 ihren Neubau auf der anderen Straßenseite beziehen konnte (CZ 12.11.1954). Heute befindet sie sich in der Carstensstraße. Seit 1981 nutzt die Kreismusikschule das Gebäude, und nebenan befindet sich die Sprachheilschule.

Quellen: Stadtarchiv 30/72,
6. Verwaltungsbericht, Mielke.

8.23 Alte Ansicht der St. Ludwigs-Kirche aus der Zeit vor dem Turmbau. (Aquarell vor 1881, Bomann-Museum)

8.24 Hier befand sich seit etwa 1711 eine Katholische Kapelle. Nachdem die heutige St.-Ludwigs-Kirche 1835-38 gebaut werden konnte, erhielt sie 1881 auch die beiden Türme, die das heutige Aussehen prägen. (Postkarte vor 1928)

8.25 Luftbild mit der gerade neu errichteten Altstädter Schule im Mittelpunkt. Im Vordergrund sieht man den Bullenberg, im Hintergrund rechts die Flussbadeanstalt und die Häuserzeile am Ende der Sägemühlenstraße. (Postkarte um 1928)

Altstädter Schule

„1928 wuchs dann der Flachbau der Altstädter Schule und des Rektorenhauses störend in die ländliche Idylle herein," hieß es in der Zeit des Dritten Reiches (CZ 29.10.1941) über den seinerzeit bahnbrechenden Schulneubau des Architekten Otto Haesler. Celle fand mit dieser „Glasschule" (Bau 1927-1930 als Ersatz für die „Triftschule" in der Bahnhofstraße) eine große, positive Resonanz – national und international: im ersten Halbjahr nach der Eröffnung kamen 9000 Fachbesucher hierher, die sogar Eintrittsgeld bezahlten.

Dabei sprachen auch ganz praktische Gesichtspunkte für Haeslers Entwurf: „Ich konnte nachweisen, daß durch die Gruppierung der für Knaben und Mädchen erforderlichen Flügelbauten und der von beiden zugänglichen Zeichenklasse im Norden und durch den Verbindungsflur im Süden so gut wie kostenlos ein lichthofähnlicher Raum umschlossen wurde, der lediglich mit einer Decke mit Oberlicht abgeschlossen und ausgebaut für 18000 RM die Schaffung einer kombinierten Turnhalle und Aula ermöglichte, während sonst für eine Turnhalle 60 000 RM in Ansatz zu bringen sind," erinnert sich Haesler 1957. Und die Alternative wäre unter den damaligen finanziellen Möglichkeiten eine Schule mit deutlichen Abstrichen gewesen – auch solch einen „unsozialen Entwurf" hatte Haesler ent-

sprechend der Ausschreibung abliefern müssen.
Die Altstädter Schule gilt heute als eines der bedeutendsten Bauwerke Otto Haeslers in Celle. Dazu gehört auch das Rektorenhaus, Sägemühlenstraße 5, das Haesler 1927/28 errichtete.
Als nach dem Zweiten Weltkrieg ein großer Lehrermangel herrschte, wurde im westlichen Flügel der Altstädter Schule 1946 eine „Pädagogische Hochschule" eingerichtet – wo sich schon vor 1941 eine Lehrerbildungsanstalt befand (CZ 21.7.1978). In diesem Rahmen wurde der eine Teil der Volksschule eine Beispielschule nach dem Jenaer Plan. „Da die Stadt der Hochschule keine Unterkunft zur Verfügung stellen konnte, die ihren Wünschen entsprach, wurde die Pädagogische Hochschule im Herbst 1953 nach Osnabrück verlegt," heißt es im Verwaltungsbericht 1956 über den Fortzug dieser Einrichtung.
Quellen: Haesler, ArchitekTouren, 6. Verwaltungsbericht.

8.27 Die Altstädter Schule zog wegen ihrer besonderen Architektur gleich nach ihrer Eröffnung zahlreiche Besucher an. (Postkarte vor 1933)

Gymnasium Ernestinum

Als erste Schule auf der ehemaligen Bleicherwiese wurde 1912 bis 1914 das Gymnasium Ernestinum errichtet. Damals sprach man noch von der „Lateinschule", deren Tradition bis ins Mittelalter zurückreicht. Sie erhielt erst 1928 bei ihrer 600-Jahr-Feier den heutigen Namen nach dem Celler Herzog Ernst dem Bekenner († 1546).

8.26 Das Schulgebäude wurde zu Beginn des 2. Weltkriegs öfter durch Militär belegt. (Privatfoto, heute Garnison Museum, um 1939)

8.28 Eine Klasse der Altstädter Schule Anfang der 1930er Jahre mit ihren Lehrern Wilhelm Främke (Mitte) und Julius Bertram (rechts). Das Foto wurde vor der Hecke des Schulgartens gemacht, dahinter das Ernestinum. (Privatfoto)

8.29 Richtfest für den Bau des Gymnasium Ernestinum – in der Gruppe vorn unter anderem der Bauunternehmer Adolf Freiling. (Foto: Stadtarchiv, 1914)

8.30 Im Haus Sägemühlenstraße 1 (von der jetzigen Gartenseite aus gesehen – damals die Frontseite) konnte von Anfang des 20. Jahrhunderts bis zur Inflationszeit (um 1923) die Schwesternstation Siloah arbeiten. (Postkarte 1911)

Hatte man hier 1926 insgesamt 231 Schüler, so stiegen diese Zahlen nach dem Krieg deutlich an. 1979/80 waren es – seit 1978 im neuen Domizil im Schulzentrum an der Burgstraße – 1041. Der Altbau gehört nun zum KAV-Gymnasium, und seine Aula ist als „Beckmannsaal" ein bekannter Veranstaltungsort in Celle.
Der im Stile des Historismus errichtete Schulbau erhielt 1930/31 ein sehr modernes Direktorenwohnhaus, das der Architekt Otto Haesler in der Magnusstraße 5 errichtete. Gedanken in der Zeit um 1984, dies für den Bau eines Parkhauses abzureißen, brachten das Werk Haeslers wieder in das öffentliche Bewußtsein und sorgten für den Erhalt des Hauses. Es wird seitdem als Jugendzentrum genutzt und gehört seit kurzem der städtischen „Otto Haesler Stiftung".

Quellen: Baudenkmale, ArchitekTouren, 6. und 7. Verwaltungsbericht.

Logenhaus

Im Jahre 1986 konnte die Celler Freimaurerloge „Zum hellleuchtenden Stern" ihr 175-jähriges Bestehen feiern. Freimaurer gab es schon im 18. Jahrhundert in der Stadt, aber erst mit der Gründung dieser Loge 1811 entsteht ein kontinuierlicher institutioneller Rahmen. 1862 konnte man das heutige Logenhaus in der Magnusstraße erwerben – es gehörte zuvor zum Komplex des Sandkruges im Bullenberg. 1867 wurde durch den Bau einer Brücke über den Magnusgraben der Zugang zur Magnusstraße geschaffen und in der Folgezeit konnte das Haus bedeutend erweitert werden.
Angesichts der heftigen Angriffe der Nationalsozialisten auf die Freimaurer übergab die Loge das Haus 1933 als Stiftung für kulturelle Zwecke an die Stadt Celle. Zeitweise fand dann auch ein Naturkundemuseum und eine Mütterschule hier ihr Domizil, aber auch NS-Parteiorganisationen nutzen das Haus. Lazarett, Schule (Klassenräume für Ernestinum), Jugendheim, Obdach für Vertriebene – nach dem Krieg gab es die verschiedensten Nutzungen, bis die Loge es seit etwa 1949 wieder nutzen konnte (HP 8.4.1961).

Quellen: Wolf

„Siloah" und Gesundheitsamt

Das heutige Haus Sägemühlenstraße 1 gehörte noch bis in die 1930er Jahre zur Hannoverschen Straße (Nr. 15) und stand als Palais in einem großen Garten, der erst durch den früheren Verlauf der Sägemühlenstraße begrenzt wurde. Auf diesen Garten war das Palais ausgerichtet, das wohl um 1711 von Johann Friedrich von Hohnhorst († 1723) errichtet wurde – schon seit 1679 stand hier ein Gartenhaus.

Zu seinen bekannteren Bewohnern zählte seit 1872 der Rechtsanwalt August Kirchhoff, seit 1869 Mitglied des Bürgervorsteher-Kollegiums, des damaligen Stadtrates. Er ließ in seinem Garten das Langensalza-Denkmal aufrichten, das die Garnison als antipreußisch nicht haben wollte. Als er das Haus um 1900 wegen finanzieller Schwierigkeiten aufgeben musste, erwarb es die Schwichelt-Stiftung.

Reichsgraf Curt von Schwicheldt (Trift 20, † 1898) hatte einen namhaften Betrag gestiftet, von dem die Einrichtung der Inneren Mission „Siloah" das Anwesen kaufen und von der anderen Hälfte die Schwesternarbeit finanzieren konnte. „Siloah" (gegründet 1871) hatte seit 1877 in der Lüneburger Straße ein erstes Haus gehabt, das aber bald zu klein wurde. Etwa 20 Jahre konnten hier verschiedene Einrichtungen der Inneren Mission arbeiten. Als mit der Inflation die Stiftung kaputt ging, zogen sie in die Kalandgasse.

In dem alten Palais wurde nun das Städtische Wohlfahrtsamt eingerichtet, das 1935 dann zum Staatlichen Gesundheitsamt wurde. Viele kennen es noch von den Röntgenreihen-Untersuchungen, die seit 1948 gesetzlich vorgeschrieben waren (CZ 28.9.1963, 13.6.1969) und auch die erste Polio-Schutzimpfung in Celle fand 1957 hier statt (CZ 2.5.1957).

Nachdem das Gesundheitsamt 1978 in die Zuständigkeit des Landkreises ging, konnte es 1984 ins neue Landkreisgebäude in der Trift ziehen (CZ 30.1.1984). 1987 konnte sich das Finanzamt durch die Räume in dem Palais Sägemühlenstraße 1 erweitern (19.12.1987).

Quellen: Carla Meyer-Rasch Bd.3.

8.31 Am Henriettenstift Hannover ausgebildete Schwestern kümmerten sich um die Hauskrankenpflege und um pflegebedürftige Frauen. (Postkarte, um 1911)

8.32 Wo im Bild oben die Schwestern im Garten am Tisch sitzen, verläuft seit 1935 die Sägemühlenstraße – und seitdem ist dieses die „Vorderansicht" des aus dem 18. Jahrhundert stammenden Hauses. (Foto: Enghausen, 1970er Jahre)

8.33 Wo 1955 das Fernmeldedienstgebäude entstand, befand sich seit etwa 1940 diese Lazarett- später Wohn-Baracke. (Foto: Stadtarchiv, vor 1954)

8.34 Erst seit 1935 mündet die Sägemühlenstraße an der heutigen Stelle in die Hannoversche Straße (ganz links). Sowohl das Fachwerkhaus rechts wie auch das Palais links daneben gehören jetzt zum Finanzamt. (Foto: Stadtarchiv, um 1935)

Fernmelde- und Zollamt

Durch die Verlegung der Sägemühlenstraße in den 1930er Jahren entstand an der Fuhse ein größeres Grundstück, das zunächst nicht geteilt werden sollte (CZ 1.11.1935). Als erstes baute man hier allerdings Baracken, eine für die Heeresbauverwaltung und eine Lazarettbaracke für das St. Josef-Stift. Am nahen St. Josef-Stift selbst wurden 1940/41 drei Krankenbaracken für polnische Zwangsarbeiter/-innen errichtet.
Die langgestreckte Baracke auf dem späteren Grundstück des Fernmeldeamtes diente noch 1953 Wohnzwecken: Für fünf Familien musste ein neues Quartier gefunden werden, damit hier gewissermaßen die Celler Telefonzentrale gebaut werden konnte – Einweihung 1955 (CZ 26.2.1953, HP 12.2.1955). Ging es dabei darum, vom handvermittelten Fernsprechdienst auf das Selbstwahlverfahren umzusteigen, so wurde 1964 mit dem Bau des neuen Fernmeldeturms ein weiterer Fortschritt eingeleitet.

Quellen: Kirche in Celle, Stadtarchiv 14B101, 6. Verwaltungsbericht.

Oberbürgermeister Hörstmann

Der Bau des Celler Hallenbades, das neue Freibad, aber auch die regelmäßigen Bürgersprechstunden im Rathaus – auf diese drei Punkte war Dr. Helmuth Hörstmann (1909-1993) als Kommunalpolitiker besonders stolz (CZ 7.10.1984). Über 27 Jahre war er Mitglied des Celler Stadtrates, 13 davon (1973 bis zu seinem Rücktritt 1986) als Oberbürgermeister. Schon in seiner Jugend entwickelte er in Celle ein großes Interesse für den Schwimmsport – insgesamt war er 74 Jahre aktives Mitglied im Celler Schwimm Club, davon lange Jahre ab 1948 Erster Vorsitzender (CZ 6.4.1993). Seine Arztpraxis lag auch nahe am Schwimmbad in seinem Elternhaus in der Sägemühlenstraße.
Sein Bruder, Dr. Walther Hörstmann (1898-1977), war erster Celler Bürgermeister der Nachkriegszeit. Der ehemalige Kreissparkassendirektor wurde am 10. Mai 1945 von den britischen Behörden in dies Amt eingesetzt und dann 1946/47 als Oberstadtdirektor.

Quellen: 6. und 7. Verwaltungsbericht

Die Jägerstraße

Bilder auf der vorigen Seite:
9.1 Flanierende Paare auf der Jägerstraße um 1900 – links das Gasthaus „Jägerhof" und der Eingang zur Breiten Straße. (Postkarte um 1900)
9.2 Der Eingang der Jägerstraße um 1945/46, als auf der Kreuzung mit der Hannoversche Straße noch Polizisten den Verkehr regelten. (Privatfoto von 1946)

9.3 Das ehemalige „Landstallmeisterhaus" – im Hintergrund schon das 1974 in Betrieb genommene Polizeihochhaus. (Privatfoto vor 1975)

9.4 1963 erweiterte sich das traditionsreiche Autohaus Otto Martin durch einen Neubau an der Jägerstraße – auf den Garten-/ Hofgrundstücken zweier Häuser der Hannoverschen Straße. (Firmenfoto um 1963)

9.5 Altes Verwaltungsgebäude des Landgestüts. (Foto: Enghausen um 1975)

„Landstallmeisterhaus" und Polizei

Lange Zeit war der Eingang der Jägerstraße von zwei repräsentativen Fachwerkhäusern der Barockzeit geprägt: das Haus Hannoversche Straße 48 (Bild 7.24) steht heute noch, das gegenüber liegenden Gebäude Nr. 47, das ehemalige „Landstallmeisterhaus", wurde jedoch 1975 für den Erweiterungsbau der Polizei abgerissen. Letzteres war von 1866 bis 1958 Dienstwohnung für den Leiter des Landgestüts, der früher den Titel Landstallmeister trug.
Der älteste Celler Stadtplan (von 1747) zeigt nicht an dieser Stelle, sondern nur etwas weiter westlich in der Jägerstraße ein Haus. Dieses hatte sich der Landbaumeister Johann Gottfried Pfister (1703-1778) als Wohnhaus eingerichtet. Pfister ist heute vor allem durch seine Architekturzeichnungen bekannt, mit denen er um 1748 sämtliche fürstlichen Gebäude in Celle festgehalten hat. Als Landbaumeister leitete er aber beispielsweise auch um 1772 den Umbau des Celler Schlosses für den Einzug der verbannten Dänenkönigin Caroline Mathilde. Sein

9.6 Als der fürstliche Jägerhof aufgegeben wurde, erhielt das Landgestüt um 1772 auch in der Jägerstraße Gebäude – das Aquarell von 1904 gibt den Zustand aus der Zeit um 1850 wider. (Aquarell 1904, Bomann-Museum)

Wohnhaus in der Jägerstraße wurde schon im 19. Jahrhundert abgerissen.
Länger blieb ein weiteres Gebäude erhalten, das Pfister auf seinem Grundstück an der Ecke zur Hannoverschen Straße errichtet hatte: das „Landstallmeisterhaus“. Nachdem es als Dienstwohnung für den Leiter des Landgestüts nicht mehr gebraucht wurde, konnte hier 1961 die Polizei herziehen.
„Großumzug bei den Celler Behörden“ hieß es 1960 in der Zeitung (HP 2.7.1960). Unter anderem wurde dabei das alte Dienstgebäude in der Bergstraße, in dem die Polizei etwa seit dem Jahr 1900 arbeitete, aufgegeben. Neue Dienststelle wurde 1960 zunächst das ehemalige Verwaltungsgebäude der Stadtwerke in der Fuhsestraße. Dies war aber nur ein Provisorium, bis man schließlich in das „Landstallmeisterhaus“ ziehen konnte.
„Das Alter des Gebäudes und die völlig unzureichenden Räumlichkeiten haben die Unterbringung dort zur schlechtesten Lösung des Raumproblems werden lassen,“ hieß es allerdings später, 1979, im Verwaltungsbericht der Stadt. Deshalb entstand neben dem Haus an der Jägerstraße ein Hochhaus-

9.7 Der Sechserzug, eine der Attraktionen der Celler Hengstparaden, auf dem Gelände des Landgestüts (links das Große Reithaus) – im Hintergrund sind die Häuser Alte Grenze 27 und 28 zu sehen. (Postkarte vor 1921)

9.8 Eine Postkarte zeigt die Jägerstraße – Blick Richtung Westen – in den 1930er Jahren. Rechts ist das Gasthaus „Jägerhof" zu sehen. (Postkarte, 1930er Jahre)

9.9 Als die Schülerzahlen im 19. Jahrhundert deutlich stiegen, erhielt die Neuenhäuser Schule (Hugenottenstraße 13) zusätzliche Räume im „neuen Schulhaus" Jägerstraße 34, bevor 1890 die Triftschule entstand. (Foto: Enghausen 2000)

Neubau (Bild 9.3), der 1974 bezogen werden konnte (CZ 21.12.1974).
Mit ihm waren die räumlichen Probleme der Polizei jedoch noch nicht gelöst. Nachdem nicht ohne Kritik von Denkmalschützern 1975 das „Landstallmeisterhaus" abgerissen worden war, konnte der Neubau noch einmal erweitert werden – Eröffnung 1987 (CZ 5.6.1987).

Quellen: Cassel Bd. 2, 7. Verwaltungsbericht, Carla Meyer-Rasch Bd.3.

Jägerhof und Landgestüt

Die Jägerstraße hat ihren Namen von dem „Deutschen Jägerhof", dessen Gelände an der Jägerstraße seit etwa 1772 vom Landgestüt genutzt wird. Das Landgestüt war 1735 gegründet worden und befand sich seit etwa 1743 südlich der Fuhse (Landgestütstraße).

Der Jägerhof war um 1671 im Zuge der Planungen für die neue Vorstadt vor dem Westcellertor an dieser Stelle neu aufgebaut worden, während der ältere Jägerhof vor dem Altencellertor (Im Kreise) als „Französischer Jägerhof" bis um 1710/20 weiterbestand. Ein Reisender berichtete 1710, dass in der Jägerstraße unter anderem neun Doggen für die Wolfsjagd und „für die Rennjagd etwa 40 Windspiele" (Cassel, S. 206) gehalten wurden.
1772 wurde diese Einrichtung für die fürstliche Jagd aufgegeben und das Landgestüt, dessen Häuser 1774 durch einen Blitzschlag abbrannten, übernahm diese Gebäude. Durch Neubauten wurde jedoch vieles verändert. Für den Leiter des Landgestüts wurde 1792 ein Wohnhaus (Jägerstraße 2) errichtet – das spätere Verwaltungsgebäude – und südlich davon entstand 1780 ein Reithaus, das zum 250-jährigen Bestehen des Landgestüts (1985) restauriert wurde. Bild 9.6 zeigt die Situation an der Jägerstraße, wie sie sich um 1850 wohl darstellte. Die hier dargestellten drei Gebäude sind zum Teil schon im 19. Jahrhundert verschwunden. Das letzte davon (Bild 9.5) wurde in den 1970er Jahren abgerissen.
Quellen: Cassel Bd.1+2, Siebern, Landgestüt.

Hengstparaden

Der breiten Öffentlichkeit ist das Landgestüt heute durch die Hengstparaden bekannt, die regelmäßig im Herbst Tausende von Pferdekennern nach Celle führen. Hengstvorführungen gab es seit dem Bestehen des Gestüts, und schon unter dem Oberlandstallmeister Friedrich Freiherr von Spörcken (1839-1866) taucht der Name „Parade" auf. Als eigentlicher Schöpfer der modernen Hengstparade gilt aber Landstallmeister Dr. Wilhelm Grabensee (1892-1915). Seit 1908 zieht diese Veranstaltung zahlreiche Zuschauer nach Celle – und so wurde dann auch 1926 das erste automobile Verkehrschaos in Celle aktenkundig: im Bereich der Jägerstraße bei einer Hengstparade. Schon in der Zeit um 1925/35 kamen jährlich etwa 10.000 Besucher.
Unter Grabensee wurde auch 1913 eine Außenstelle in Westercelle angelegt und

9.10 Im Eckhaus zur Hugenottenstraße befand sich noch lange ein Lebensmittelgeschäft – hier mit der Inhaberin um 1917 Käthe Birkner. (Privatfoto)

9.11 Auch die Jägerstraße hatte „ihre Badeanstalt": eine alte „Feuergasse" (gegenüber der Hugenottenstraße) zum Holen von Löschwasser führte auch die Badenden zur Fuhse. (Privatfoto 1930er Jahre)

9.12 Ein weiteres Kaufmannsgeschäft (Bergmann) befand sich in der Jägerstraße 32, im ehemaligen „Ziegenwinkel". (Privatfoto, wohl 1920er Jahre)

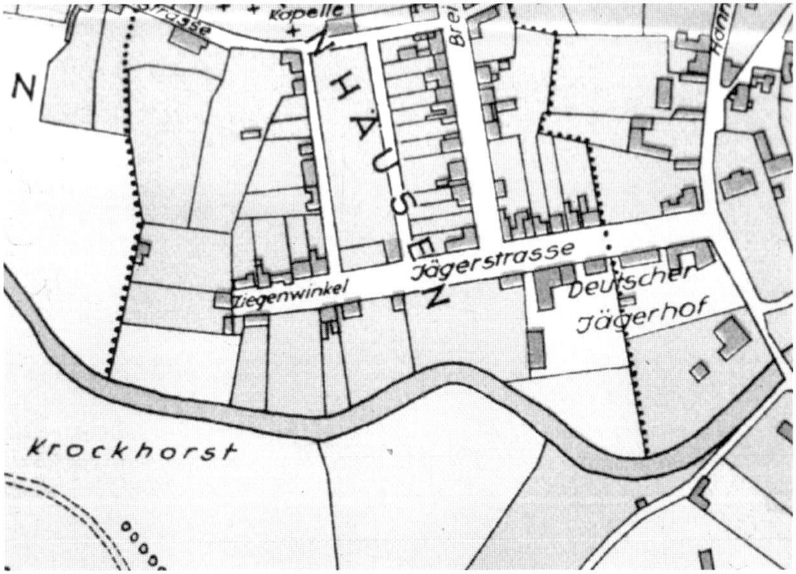

9.13 Die Jägerstraße endete einst im „Ziegenwinkel": Otto von Böhn rekonstruierte aus alten Unterlagen und Stadtplänen die Situation um 1750. (Ausschnitt der Karte in Clemens Cassel, Geschichte der Stadt Celle, Bd. 2, Celle 1934)

Trainingsflächen in Adelheidsdorf angepachtet. Die Hengstprüfungsanstalt in Westercelle, die in den 1930er Jahren durch einen Reitweg mit den Landgestüt verbunden wurde (Fohlenweg), bestand bis 1974, bis die neue Prüfungsanstalt in Adelheidsdorf angelegt wurde (1973-75). Zu den Hengstparaden steht aber weiter das Gelände zwischen Jägerstraße und Spörckenstraße im Mittelpunkt.

Quellen: Bonness, Landgestüt, Kfz-Innung.

Die Jägerstraße

Aber nicht nur durch das Landgestüt gehörten Pferde früher zum Alltag in der Jägerstraße. „Wir haben wiederholt die Wahrnehmung gemacht, dass seitens der Herrn Offiziere der in der Jägerstraße im vorigen Jahr angelegte Radfahrerweg sehr oft als Reitweg benutzt wird und ferner auch von den Offizierburschen die Pferde dort gehalten werden," beschwerte sich am 23.5.1911 die Betriebsverwaltung der Stadt. Dieser Radweg reichte damals von der Hannoverschen Straße bis zum Haus Nr. 15 (also bis zur heutigen Kurve), und er war zur Straße durch ein Hochbord sowie von Fußweg durch eine Baumreihe abgetrennt.
Bäume prägten wohl schon lange das Bild in der Jägerstraße. Und schon 1911 gab es zumindest für einen Teilbereich die Forderung, diese durch eine Einfriedung „gegen

9.14 Um 1892 erfolgte der Durchbruch zur neuen Fuhsestraße.
(Stadtplan 1925, Stadtarchiv)

böswillige Beschädigungen" zu schützen – 1994 löste eine Maßnahme der Stadt in diese Richtung heftige Proteste bei Parkplatzsuchenden aus (CZ 15.11.1994).
Zwischen beiden Daten hatte sich das Straßenbild aber schon durch den wachsenden Automobilverkehr deutlich verändert. Die alte Art der Wegbefestigung hielt den neuen Anforderungen nicht mehr stand. Das erforderte jedoch neue Investitionen, für die erst das Geld vorhanden sein musste. So musste die Stadt um 1927 die wiederholten Eingaben des „Bezirkseinwohnervereins Neuenhäusen", die Straße endlich auszubessern, wiederum zurückstellen. „Dahin gegen soll die Firma Hostmann-Steinberg angehalten werden, die noch vorhandenen eisenbereiften Anhänger mit Gummireifen zu versehen. Gerade diese Anhänger zerstören die Strassen und riefen Erschütterungen und Geräusche hervor," heißt es im Protokoll des städtischen Tiefbauausschusses vom 5.12.1927.
Quellen: Stadtarchiv 30/162,

Handwerk in der Jägerstraße

Wie eine Idylle liest sich folgende Beschreibung vom 7.1.1815: Die Erben des Kaufmanns Werth verkauften damals das Haus Jägerstraße 6 einschließlich „der vor dem Hause auf der Straße stehenden, von dem Haus-Eigenthümer vormahls angepflanzten Linden-Bäume und der steinernen Bank an der Haus-Thüre." Wirtschaftlich interessanter dürfte für den Käufer, den benachbarten Lohgerber Rüden, der „Wiesen-Platz an der Fuhse" gewesen sein, der zu dem Haus gehörte.
Zumindest im 19. Jahrhundert war die Jägerstraße entlang der Fuhse auch von Gewerbe geprägt. Zum Beispiel lebte in Nr. 14 der Weißgerber Müller, später der Schuhmacher Eggers. In Nr. 10 arbeitete der Bleicher Altehans und danach betrieb F. Frantz hier eine „Wollgarnfabrik".
Ein Weg – gegenüber der Hugenottenstraße – sorgte für einen öffentlichen Zugang zur Fuhse (Bild 9.14). Bei einem Hauskauf am 17.4.1816 wird dafür ein besonderer Zweck genannt: Es ist eine „Feuergaße", wie es sie auch in der Speicherstraße zum Holen von Löschwasser gab. Die Kinder kann-

9.15 Das Haus Jägerstraße 31, das sich bis heute erhalten hat, war einst das letzte Haus auf der nördlichen Seite des Ziegenwinkels. (Privatfoto, vor 1914)

9.16 Zu den letzten Häusern auf der Südseite des Ziegenwinkels gehörten auch die Gebäude eines Bauunternehmens, das der Architekt Wilhelm Hellmann etwa seit 1906 in der Jägerstraße 15/16 betrieb. (Privatfoto, wohl vor 1914)

ten noch einen anderen Zweck: das Baden (Bild 9.11).

Quellen: Nds. Hauptstaatsarchiv Hann 72 Celle Nr. 388 und 389, Adressbücher.

Der „Ziegenwinkel“

„Das Ende dieser Straße wird der Ziegenwinkel genannt,“ berichtet Spangenberg 1826 nüchtern. Damals war die Jägerstraße noch eine Sackgasse, die etwa an der heutigen Kurve endete. Dort stand die große, sogenannte Schwichelt'sche Scheune, wie Karl Birkner, selbst Anwohner, 1930 berichtete. Und er erklärt den Namen „Ziegenwinkel“ so: Am Ende der Sackgasse wuchs Gras auf der Straße „und auf dieser Wiese grasten die Ziegen der Händler, welche jährlich mit ihren Ziegenherden aus dem Harz nach Celle kamen, um ihre Tiere zum Verkauf anzubieten“ (CZ 30.10.1930). Hinter der Scheune, die einst der Familie von Schwicheldt aus der Trift gehörte, befanden sich große landwirtschaftliche Flächen (CZ 22.6.1942).

Quellen: Spangenberg, Stadtarchiv 8A30 Bd.2.

9.17 Als der Durchbruch zur Fuhsestraße kam, eröffnete hier in der Jägerstraße 29 die Bäckerei Zang. Bis in die 1970er Jahre blieb dies eine Bäckerei (zuletzt Röling). Im Hintergrund der Schornstein der Balkeschen Fabrik. (Privatfoto, 1930er Jahre)

9.18 Heinrich Balke errichtete 1867 in der Emigrantenstraße 8 seine Kachelofenfabrik. (Foto: Enghausen, vor dem Abriss)

Durchbruch zur Fuhsestraße

1928 erhielt der Neuenhäuser Schützenkönig, wie Karl Birkner berichtete, den Namen „Georg aus dem Ziegenwinkel"– gemeint war damit der Architekt Georg Klingemann, der durch seine Bauten einen wichtigen Anteil an dem heutigen Straßenbild der Jägerstraße hat (CZ 30.10.1930). Nachdem die Fuhsestraße als Verbindung zum neuen Güterbahnhof errichtet worden war (1892 Namensgebung), war auch die Zeit gekommen, die Jägerstraße bis dorthin zu verlängern: 1893 wurde ein entsprechender Fluchtlinienplan erstellt, der übrigens noch auf jeder Straßenseite etwa drei Meter tiefe Vorgärten vorsah. Damals entstanden die Grundstücke Jägerstraße 18 bis 28, die jedoch zunächst nach dem Adressbuch 1894 noch alle (außer Nr. 21) unbebaut waren. Zuerst entstanden bis etwa 1900 neue Häuser auf der südlichen Seite. Hier richtete auch der Bauunternehmer Fr. Klingemann seinen 1893 gegründeten Betrieb ein (Nr. 20, 1910: 20a). Als Maurermeister in der Jägerstraße und als Mitinhaber des „Ersten Celler Hartsteinwerkes" in Garßen bezeichnet das Adressbuch 1910 dann A. Klingemann, der die Firma

9.20 Blick über den Bauhof der Firma Klingemann – im Hintergrund sieht man die Häuser der Tätzestraße und das Mobil-Hochhaus. (Foto: Legall, um 1980)

9.19 Das Haus Jägerstraße 20 errichtete Maurermeister Klingemann für sich. (Foto: Enghausen, um 1990)

9.21 Der ehemalige Klingemannsche Bauhof in der Jägerstraße ein paar Jahre später, nachdem das Tabakwarenunternehmen Legall hier seinen Betrieb eingerichtet hat. (Foto: Enghausen, um 1990)

„Fr. Klingemann Söhne“ fortführt. Das Steinwerk empfahl zur selben Zeit seine „weissen und roten Kalksandsteine“ in einer Anzeige. Georg Klingemann führte die Firma dann in den 1920er und 1930er Jahren. Er baute unter anderem die Häuser Jägerstraße 23 und 23a.

Etwas langsamer dauerte es, bis die Nordseite der Straße bebaut war. Schon früh stand zwar das Eckhaus zur Fuhsestraße (Nr. 24), in dem ein Geschäft eingerichtet wurde – seit 1931 Verkaufsstelle des Konsum- und Sparvereins –, aber auf dem großen Grundstück der Gärtnerei Augustin (von der Kirch- bis zur Jägerstraße, CZ 22.6.1942) war auch noch nach dem Zweiten Weltkrieg viel Platz. Auf einem Teil wurde dann 1959 die Neuapostolische Kirche errichtet (CZ 24.8.1959).

Quellen: Stadtarchiv 8A30 Bd.2.

9.22 Der neue Teil der Jägerstraße wurde schnell bebaut – hier eine Aufnahme aus dem besonders kalten Winter 1940. (Foto: Stadtarchiv)

9.23 Die „Partie an der Jägerstraße“ zeigt einen Teil der Neubauten auf der Nordseite des neuen Stücks der Jägerstraße – diese Häuser Nr. 25, 25a und 26 entstanden am Anfang des 20. Jahrhunderts. (Postkarte vor 1914)

9.24 1959 wurde der Neubau der Neuapostolischen Kirche eröffnet. (Foto: Enghausen, 2000).

Die Breite Straße

10.2 Hundefuhrwerke gehörten lange zum Straßenbild: hier in der Breiten Straße der Wagen des Milchhändlers und Molkereibesitzers Spierig. (Privatfoto vor 1930)

10.3 Dieses repräsentative Wohnhaus erwarb 1931 die Stadtkirchengemeinde, um einen Kindergarten einzurichten – dessen Tradition führt heute die Kindertagesstätte Fuhsestraße fort. (Foto: Enghausen 1990er Jahre)

Bild auf der vorigen Seite:
10.1 Blick in die Breite Straße Richtung Trift – das zweite Haus links (Nr. 36) gehört zu den wenigen Häusern in dieser Straße, die in die Zeit um 1680 zurückreichen.
(Postkarte 1905)

Eine Straße vom Reißbrett

Die Breite Straße gehört wie auch der ältere Teil der Jägerstraße zu den Straßen, die erst durch die Vorstadt-Planungen um 1680 entstanden sind und somit tatsächlich dem vorgesehenen, streng rechtwinkligen Stadtgrundriss folgen konnten – die Ohagenstraße hat offensichtlich ältere Vorläufer, so dass sie nicht in dieses Schema gepresst werden konnte. Die Lage der Breiten Straße genau an dieser Stelle jedoch ist wahrscheinlich durch ein älteres Gebäude vorgegeben: An der Ecke zur Bahnhofstraße (heute etwa Bahnhofstraße 11) befand sich ein ehemaliges herzogliches Vorwerk, das aber schon vor 1700 aufgegeben wurde.

Bei den Planungen für die Vorstadt ging man um 1680 von einer sozialen Abstufung aus. Vor allem an Trift und Bahnhofstraße sollten zweistöckige, repräsentative Häuser entstehen mit großen Gärten – sozusagen eine 1a-Lage. Dahinter – sowohl zur Aller als auch nach Süden zur Fuhse – sollten kleinere Häuser errichtet werden. Ihre Straßenfront sollte nur etwa halb so groß sein wie die der 1a-Palais und die Gärten sogar nur etwa ein Viertel so groß. Diese „2a"-Lage kennzeichnet die Breite Straße. Zwischen „1a-" und „2a"-Lage gab es noch eine weitere Kategorie, die vor allem entlang der Aller vorgesehen war.

Diesen Vorgaben entsprechen soziale Unterschiede der Bevölkerung. Nur Reichere konnten es sich leisten, ein großes Haus zu errichten. Handwerker siedelten dagegen zum Beispiel in der Breitenstraße. Dabei entwickelte sich in den jeweiligen Straßenzügen eine relativ einheitliche Bebauung, wie sie sich so geschlossen vor allem in der Hugenottenstraße erhalten hat (Bild 11.6). Typisch für die „2a"-Lagen sind die kleinen, eingeschossigen Giebelhäuser – die Fachwerkbauten Nr. 1, 34 und 36 rechnet Fischer zu den ältesten in der Breiten Straße (zum Teil auf Bild 10.1).

Quellen: Hugenotten, Siebern, Baudenkmale.

Hundefuhrwerke und mehr

Heute ist die Breite Straße geprägt vom Autoverkehr, und die breiten Seitenstreifen werden vor allem durch parkende Kraftfahrzeuge genutzt. Das ist jedoch erst eine Entwicklung der letzten 50 Jahre. Allerdings wurde schon 1926 erstmals ein Verkehrschaos in der Stadt aktenkundig – bei der Hengstparade. Und schon 1919 beschwerte sich die Polizei beim Kommando der „Marinelandflieger" in Scheuen, dass eines Morgens ein Lastauto von dort „mit größter Geschwindigkeit durch die Breite Straße" gerast sei. Beim Einbiegen in die Jägerstraße habe es nicht abgebremst und so seien Bordsteinkante und Gossenpflaster auf zwei bis drei Meter aufgerissen – die Schadenshöhe betrug zwar nur 15 Mark, doch selbst das ließ sich in der damaligen Zeit des Umbruchs nicht vom Militär einziehen.

In dieser Zeit bestimmte aber das Auto noch keineswegs das Straßenbild. Noch gab es viele Pferdewagen und gelegentlich konnte man auch noch ein Hundefuhrwerk beobachten (Bild 10.2). In einer Liste aus dem Jahre 1931 sind allein für Celle noch 21 „Ziehhundehalter" aufgeführt. Es waren insbesondere Schlachter, Fischhändler und Gepäckträger, die auch beruflich diese Hundefuhrwerke einsetzten.

Bekannt ist dies auch nur, weil um diese Zeit Tierschützer gegen den Einsatz von Hunden als Zugtiere protestierten. So hatte jemand 1927 angezeigt, dass der Ziehhund des Milchhändlers Karl Spierig (Eckhaus Breite Straße/Jägerstraße) zu klein sei. „Wie festgestellt, handelt es sich bei Spierig um einen großen, starken Ziehhund, wie ihn die Schlachter des öfteren zum Ziehen verwenden," berichtete darauf die Polizei und fügte hinzu: „Im übrigen behandelt Spierig seine Tiere stets gut, so ist auch der Hund gut genährt."

Wie lange es solche Hundefuhrwerke schon gab, ist nicht bekannt. Aber schon 1861 wurde für das Königreich Hannover eine Vorschrift „betreffend das Fahren mit

10.4 Vor über 85 Jahren gründete Klempnermeister Georg Wedemeyer hier (Nr. 25) einen Betrieb, der bis heute besteht. (Foto: G. Wedemeyer, 1930er Jahre)

10.5 Seit fast 250 Jahren ist im Eckhaus Breite Straße/Kirchstraße (Nr. 30) eine Bäckerei ansässig: 1754 arbeitete hier der Bäckermeister Heinrich Voss. (Privatfoto wohl 1920er Jahre)

10.6 Die Breite Straße von der Kreuzung Kirchstraße/Ohagenstraße Richtung Trift gesehen. (Postkarte vor 1907)

Hundefuhrwerken" erlassen, nach der zum Beispiel die Fahrer gehen mussten und sich nicht auf den gezogenen Wagen setzen durften.

Quellen: Stadtarchiv 30/98 und 25155, Kfz-Innung.

Kindergarten und Verlagshaus

Mit zu den ersten Kindergärten in Celle gehört der in der Breiten Straße 22 (Bild 10.3), dessen Tradition heute der neue Kindergarten Fuhsestraße fortführt. Das Gebäude war zuvor ein Wohnhaus, unter anderem lebte hier etwa von 1908 bis 1929 Georg Boissevain, der „Direktor der Niederländischen Petroleumwerke". Um 1931 erwarb es die Stadtkirchengemeinde und richtete hier 1932 eine Kinderbetreuung ein. Um etwa 150 Kinder von zweieinhalb bis 17 Jahren – letzteres Hortkinder – kümmerte sich 1950 der nun städtische Kindergarten (HAZ 10.3.1950). Immer enger wurde es dabei in dem Haus, so dass man 1978 Gruppen in die Trift 20 auslagerte (CZ 15.6.1985). 1985 konnte man dann das Richtfest für den heutigen Bau in der Fuhsestraße feiern, in dem die beiden Häuser wieder unter einem Dach vereint wurden.
In das frei gewordenen Gebäude in der Breiten Straße 22 konnte dann die Firma Schadinsky einziehen. Conrad Schadinsky hatte seinen Werbeverlag 1921 in Königsberg gegründet, und es gelang ihm nach dem Krieg, in Celle erneut ein erfolg-

reiches Unternehmen aufzubauen (CZ 20.1.1968).
Gegenüber auf der anderen Straßenseite (Nr. 16) befand sich übrigens über 40 Jahre der Sitz der Oberförsterei Celle – nach den Adressbüchern von etwa 1902 bis in die 1940er Jahre.

Quellen: 6. Verwaltungsbericht, Adressbücher.

Ein hugenottischer Uhrmacher

Zu den Hugenotten, die sich in der neuen Vorstadt niederließen, gehörten auch einige Handwerker. Am bekanntesten ist die Hutfabrik Gabain, die um 1728 ihren Ausgangspunkt in der Ohagenstraße 8/9 (siehe Kapitel 4) nahm. Für kurze Zeit (1748 bis etwa 1754) lebte im Haus Breite Straße 31 ein anderer bedeutender Handwerker: der Uhrmacher Jacques du Mesnil. Er gehörte zu den Hugenotten, die zunächst aus Frankreich in die Niederlande geflohen waren. Von dort kam er um 1740 nach Celle, wo er das Erbe seiner Tante antreten konnte. Er starb über 80-jährig 1758 in Celle.

Quellen: Hugenotten.

„Töchterpensionat"

Daneben (Breite Straße 32) lag ein größeres Anwesen, das sehr unterschiedliche Besitzer im Laufe seiner Geschichte hatte. Eine alte Postkarte (Bild 10.9) zeigt es als „Töchterpensionat", das von Marie Claudi betrieben

10.7 Im Garten des Hauses Nr. 32 entstand in den 1930er Jahren ein Neubau für die Wäscherei Kaiser. (Foto: Enghausen 2000)

10.8 Bis zum Ersten Weltkrieg bestand in der Breiten Straße 32 die „Pension Claudi". (Postkarte vor 1914)

10.9 Die Gäste des Mädchenpensionats von Marie Claudi konnten auch den großen Garten hinter dem Haus nutzen, der zu dieser Zeit wie ein Park angelegt war. (Postkarte vor 1914)

10.10 Auch der Kaufmannsladen „um die Ecke" gehörte einst zur Breiten Straße, wie hier im Eckhaus zur Ohagenstraße. (Postkarte vor 1937)

10.11 Das Eckhaus Nr. 10A nach dem Zweiten Weltkrieg: Die alten, großen Bäume in der Breiten Straße (Bild 10.10) wurden in den Mangeljahren nach 1945 gefällt. (Postkarte, wohl 1950er Jahre)

wurde. Die Sprachlehrerin hatte zunächst um 1890 in der Jägerstraße 12 eine „Deutsche Pension" eröffnet, die sie um 1900 dann in die Breite Straße 32 verlegte. Als „Vorsteherin eines Pensionats für Töchter" wird sie im Adressbuch 1902 bezeichnet, 1912 dann als „Inhaberin eines Pensionats für Ausländerinnen". Schon 1912 unterrichtete hier die Lehrerin Eleonore Tereg, die dann um 1914 als Inhaberin der „Pension Claudi" bezeichnet wird – das ist das letzte Mal, dass die Pension erwähnt wird, der Erste Weltkrieg scheint dem Betrieb die Grundlage genommen zu haben.

Quellen: Adressbücher.

Jüdische Mitbürger

Um 1929 bekam das Haus Breite Straße 32 einen prominenten Bewohner, den Senatspräsidenten des Oberlandesgerichts Dr. Richard Katzenstein. Er war 42 Jahre alt, als er 1929 in dieses Amt berufen wurde – vier Jahre später musste er durch die antisemitischen Gesetze der Nationalsozialisten dieses Amt wieder aufgeben. Er musste noch 1933 die Stadt verlassen und konnte zunächst in Harburg eine niedrigere Stelle antreten. Ihm gelang noch die Emigration aus Deutschland – er starb 1942 in Jerusalem.

Hochbetagt starb ein Jahr später (1943) in Celle ein weiterer jüdischer Bewohner der Breiten Straße: der Postbeamte Iwan Dawoski, der bis fast zum Schluss zur Miete in einer Wohnung des Eckhauses Nr. 19 lebte.

Auch der Rechtsanwalt Dr. Julius von der Wall (1872-1943) lebte in Neuenhäusen. 1911 ließ er sich von dem später durch das „Neue Bauen" bekannt gewordenen Architekten Otto Haesler das repräsentative Haus Mühlenstraße 25 bauen. Er war 1933 ebenfalls von den antisemitischen Maßnahmen der Nationalsozialisten betroffen, gab das Haus in der Mühlenstraße auf und zog in eine weiter abseits gelegene Wohnung in der Schwicheldtstraße 19a. 1938 verließ er Celle und emigrierte in die Niederlande. Nach dem deutschen Einmarsch dort wurden er und seine Frau nach Auschwitz deportiert, wo sie umkamen. Ihre Tochter und deren Mann, Dr. Eva und Dr. Walter Kaufmann, verloren in Ausch-

10.12-14 Anfang des 20. Jahrhunderts eröffnete Louis Hellmann sein Geschäft in der Breitenstraße 10 und erwarb einen damals modernen Leichenwagen, der von vier oder sechs Pferden gezogen werden konnte. (Der Wagen in der alten Werbung und – Foto Enghausen 2000 – heute. Rechts: Louis Hellmann vor seinem Haus, Privatfoto wohl vor 1914)

witz beziehungsweise Bergen-Belsen ihr Leben.

Quellen: Adressbücher, Juden in Celle, Obenaus.

Ohagenstraße

Die Ohagenstraße gehört zu den älteren Wegen in Neuenhäusen. Deshalb verläuft sie nicht im rechten Winkel zu den anderen Straßen, wie es für die 1680 geplanten Straßen gilt. Der Name stammt allerdings erst aus dem 18. Jahrhundert: „In Ohagen-Gasse" heißt es seit 1754 in den Steuerlisten – dann 1801 „In Fondoms Gasse", bevor der Weg wieder den Namen Ohagenstraße erhielt (kurzzeitig 1851 noch „Prenglerstraße"). Der Name geht auf den Bäcker Michael Ohage zurück, der hier seit 1751 ein Haus (neben dem Palais Hannoversche Straße 54) bewohnte.

Bis 1770 bestand in der Ohagenstraße auch der große Ratszimmerhof. Nach Clemens Cassel war dieser 1738 aber schon erheblich verkleinert worden und wurde 1770 schließlich aufgegeben.

Eine nur kurze Episode aus dem Haus Ohagenstraße 4 sei hier berichtet, weil sie etwas über alte Handwerksbräuche in Celle überliefert. 1870 hatte der Schuhmachermeister J. Müller um eine Konzession für die Gast- und Schankwirtschaft in seinem Haus nachgesucht, weil er für das Schuhmacher-Handwerk die Gesellenherberge übernommen hatte. Die Zunft wollte damit das Gesellenquartier aus öffentlichen Wirtshäusern herausholen und auch ihre Mitarbeiter von anderen Handwerken trennen, damit sie nicht „zu Kneipereien und Spielen verleitet" werden.

Nach eineinhalb Jahren gab Müller dies Gewerbe wieder auf, weil „die mit einer Herberge verbundenen Unannehmlichkeiten, namentlich die Pflicht jeden

10.15 Die Fassade des Hauses hat sich gegenüber früher (Bild 10.14) verändert, geblieben ist aber bis heute die markante Haustür. (Foto: Enghausen um 1960)

10.16 Im Gasthaus „Zur Linde" wurde 1864 der „Lindenclub" gegründet, der noch heute zu den „Institutionen" in Celle gehört.
(Foto wohl Anfang des 20. Jahrhunderts, Stadtarchiv)

mittellosen und unreinen Menschen aufnehmen zu müssen," zu groß für ihn wurden. Die „Schuhmacherherberge" ging nun in die Bergstraße zu „Heering, olim Meyer", die Gaststätte von Müller scheint aber nur noch kurz bestanden zu haben.

Quellen: Cassel Bd.2, Stadtarchiv 25H330 und 30/127, Adressbücher.

Gasthaus „Zur Linde" und der Lindenclub

Das „Gasthaus Zur Linde" wenig entfernt in der Breiten Straße 8 (Bild 10.16) kann auf eine längere Tradition zurückblicken, die zumindest mit dem Schenkwirt Einschlägel begann, der seit etwa 1800 das Haus besaß. Überregional bekannt wurde es aber durch ein Ereignis, das gut 60 Jahre später stattfand. „Im Jahre 1864 bildete sich ein Club im hiesigen Orte, welcher vorzugsweise aus Mitgliedern der früheren Gemeinde Neuenhäusen bestand, die Gesellschaft wählte meine Räumlichkeiten als Clublokal," berichtet der Gastwirt C. Hellmann 1873. Und der Club gab sich nach dem Lokal auch seinen Namen: „Lindenclub". An der Gründungsversammlung unter der Leitung von Johann Moldtmann nahmen 79 Mitglieder teil (CZ 13.2.1939) – das Haus mit seinem 27 Quadratmeter großem Gastzimmer und dem zirka 20 Quadratmeter großen „Clubzimmer" (damals gab es auch noch ein „Kegelhaus" im Garten) war nicht nur bei dieser Gelegenheit sicherlich sehr gut gefüllt. Denn die Clubmitglieder trafen sich oft, wie 1908 das Vorstandsmitglied Schuhmachermeister Theodor Moldtmann berichtet. Der Lindenclub „tagt jeden Tag, siehe § 10 der vorliegenden Satzung, im Klublokale des Beschuldigten," sagte er aus, als ihr Wirt wegen Überschreitung der Polizeistunde angezeigt wurde. Er wies zugleich darauf hin, dass an der Tür ein Schild „Klublokal" gehangen habe, und man damit eine geschlossene Gesellschaft bildete, auf die die Polizeistunde nicht zuträfe.

Der Lindenclub entwickelte sich sehr positiv. Bereits 1875 war die Zahl der Mitglieder auf 253 angewachsen – der höchste Stand in den ersten 75 Jahren (CZ 13.2.1939). Zum 130-jährigen Jubiläum zählte man 357 Mitglieder (CZ 3.3.1994) und zu den Feiern mit jeweils rund 300 Personen brauchte man die Union, das Wathlinger Bürgerhaus beziehungsweise das TuS-Clubheim. Der „Gasthof Zur Linde" besteht auch heute noch, allerdings unter anderem Namen: seit den 1970er Jahren ist er ein griechisches Restaurant.

Quellen: Stadtarchiv 9A30 Bd.3 und 25H149 Bd.1, Adressbücher.

Der Kaufmann um die Ecke

Als Friedrich Giesecke 1890 im Gasthaus „Zur Linde" auch einen Branntweinausschank einrichten wollte, beschrieb er das „Bedürfnis" dafür so: „Abgesehen von der ziemlich entfernt liegenden Hannoverschen Heerstraße sind in diesem Stadtteil bis zur Behrensgasse nur der Bierausschank von Tündermann an der Emigrantenstraße, der Kleinhandel mit Branntwein von Kaufmann Schülke, Ohagen- und Breite Straßenecke, und Ww. Deecke, Schul- und Jägerstraßenecke, vorhanden." Dies weist auch auf die frühere Nahversorgung in diesem Raum hin. Eins dieser Geschäfte lag in unmittelbarerer Nachbarschaft Breite Straße 10a (Bild 10.11). Begründet worden war es wohl um 1870 von dem Kaufmann Rudolf Schülke. Unter verschiedenen Besitzern bestand es bis in die 1970er Jahre

Quellen: Stadtarchiv 25H149 und 150, Adressbücher.

Handwerkstraditionen

Auf eine über 100-jährige Tradition kann nebenan, Breite Straße 10, das Bestattungsinstitut Hellmann (Bild 10.12 bis 14) zurückblicken – das Bestattungsinstitut Niebuhr in der Hannoverschen Straße (Bild 6.8.) kann auf eine ähnlich lange Geschichte verweisen. Ersteres wurde 1863 von dem Tischlermeister Theodor Hellmann gegründet, und zwar auf der anderen Straßenseite, Breite Straße Nr. 23. Im Haus Nr. 10 machte sich um 1908 Louis Hellmann „Treppenbau, Bau- und Möbeltischlerei und Sargmagazin" selbständig – schon zuvor bestand hier eine Tischlerei, betrieben von der Familie Stellmann.

Wenig entfernt (Nr. 5, Bild 10.17) war einst ein weiterer bedeutender Handwerksbetrieb

10.17 Schon im 19. Jahrhundert übten Fleischer in der Breiten Straße 5 ihr Handwerk aus. (Privatfoto, wohl Anfang des 20. Jahrhunderts)

10.18 Das Fleischerfachgeschäft Meyer konnte auf eine lange Tradition – zum Teil auch als „Hofschlachterei" – zurückblicken. Bis in die 1970er Jahre bestand hier eine Fleischerei. (Foto: Enghausen um 1960)

10.19 *Das Eckhaus Breite Straße/Fundumstraße stammt aus dem 18. Jahrhundert. (Foto: Enghausen um 1960)*

10.20 *Vom Malermeister Lüchau 1928 für die Neuenhäuser Schützen gestaltete Königsscheibe. (Foto: Enghausen)*

zu Haus: der des „Hofschlachtermeisters H.Fr. Meyer“. Mit diesem Titel konnte Meyer, der seit etwa 1850 hier arbeitete, auf die überörtliche Bedeutung seines Betriebes hinweisen. Schon im 18. Jahrhundert übten Fleischer beziehungsweise Köche in diesem Haus ihr Handwerk aus. Die Schlachterei bestand bis in die 1970er Jahre.

Auch der Malereibetrieb Lüchau (Nr. 3, gegründet 1900) sowie der Dachdeckerbetrieb Reinhard Schele (Nr. 41, gegründet 1892) können auf eine über 100-jährige Tradition zurückblicken.

Das Haus Nr. 30 (Bild 10.5) ist mindestens seit fast 250 Jahren Sitz einer Bäckerei. Die Steuerlisten nennen hier 1754 den Bäckermeister Heinrich Voss. Und wenig entfernt (Nr. 38, Bild 10.24) wird ein weiterer Bäcker, Peine, aufgeführt. Diese Bäckerei (Wrede, später Pieper) wurde seit etwa 1850 durch das „Schwicheltbrot“ bekannt. Für die Familie von Schwicheldt (Trift 20) wurde hier nach deren Familienrezept ein magenschonendes Brot hergestellt, für das die Bäckerei später sogar einen Markenschutz erwarb.

Quellen: Stadtarchiv 25H149 und 150, Adressbücher, Möller (Schwicheldtstraße).

Schützencorps Neuenhäusen von 1815

Am 10. und 11. Juni 1815 konnten die Neuenhäuser erstmals ein eigenes Schützenfest feiern, und damit wurde auch das Neuenhäuser Schützencorps gegründet. Gut 100 Jahre später, 1927, kamen dann die fünf städtischen Schützengesellschaften überein, nun ein gemeinsames Celler Schützenfest zu feiern. Bis 1957 mussten die Neuenhäuser jedoch noch warten, ehe sie mit Heinz Schrader erstmals den Hauptkönig in der Stadt stellen konnten (CZ 14.9.1990).
In der Breiten Straßen feierten sie übrigens 1977 erstmals Freitagabend den Schützenfestauftakt gemeinsam mit den Bürger (CZ 22.7.1977), was dann auf dem Gelände von Levermann zur Tradition wurde.
Quelle: Kirchhoff

Fundumstraße

„Nun wird die Fundumstraße täglich von den breiten Wagen der Fahrschule der Wehrmacht durchfahren und die Fahrer dieser Wagen versuchen, an den Lieferwagen, die vor der Volksküche Fundumstraße 1 gegenüber meinem Grundstück oft längere Zeit, bis die Wagen entladen sind, halten, um jeden Preis vorbeizufahren und zwar auf Kosten der Holzplanke, die mein Grundstück nach der Straße abschließt," beschwer-

10.21 *Essensausgabe der Volksküche in der Nachkriegszeit.*
(Foto: Röhrssen 1949, Stadtarchiv)

10.22 1938 erhielt das Deutsche Rote Kreuz in der Fundumstraße einen neuen Sitz. (Foto: Enghausen Mitte der 1990er Jahre)

10.23 Hier fand auch die „Volksküche" einen neuen Standort. Schon im ersten Jahr (1939) an der neuen Stelle konnte sie 113.470 Portionen ausgeben.
(Foto: 1938, Stadtarchiv)

te sich ein Anwohner 1944. Er beschrieb dabei eine Verkehrssituation, wie sie sich nach 1938, als das DRK-Haus an der Straße eröffnet wurde, ergab. Etwa um diese Zeit war die kleine Gasse schon zu einer Einbahnstraße geworden, denn für einen großen Verkehr war sie ursprünglich nicht gedacht.

„Zur linken Hand in die kleine Gasse" notierte der Steuereinnehmer 1711 seinen Weg dorthin von der Hannoverschen Straße kommend. Einzige Bewohner waren damals „Mons. Fondom" – d. h. der Feldapotheker André Couturier Fondousme († 1714, seine Witwe, die in dem Haus weiter lebte, starb 1750) – sowie Christian Lepper junior. Wohl einige Zeit später (nachweisbar in den Steuerlisten ab 1754) wurde daraus die „Fondoms-Gasse". Über ihre Breite sagt der Name „Schleichgasse", den das Adressbuch 1851 aufführt, etwas aus – denn sie diente eigentlich nur als Fußweg („schleichen").

Quellen: Stadtarchiv 30/46 und 23E13, Hugenotten.

DRK-Haus und Volksküche

Das Gebäude des Deutschen Roten Kreuzes wurde 1938 auf dem städtischen Grundstück Fundumstraße 1 errichtet (Bild 10.22). Nach einigen vorübergehenden Unterkünften erhielt damit das DRK erstmals einen dauerhaften Sitz, wenn auch nicht alle Bereiche hier Platz fanden. 1950 wurde das Gebäude in der Fundumstraße nach dem ein Jahr zuvor verstorbenen DRK-Kreisverbandsvorsitzenden „Ernst-Schädlich-Haus" benannt. Mehrfach wurde es später durch An- und Umbauten den neuen Anforderungen angepasst (CZ 14.10.1985).

Mit dem Neubau 1938 erhielt auch die „Volksküche" des DRK neue

10.25 Anzeige aus den 1920er Jahren – Hinrichs strich 1934 tatsächlich das Schloss. (aus: Celle die alte Herzogstadt)

10.24 Über 200 Jahre wurde auch hier in der Breiten Straße 38 Brot gebacken. Eine der Spezialitäten der Bäckerei war seit etwa 1850 das „Schwichelt-Brot". (Privatfoto 1950er Jahre)

10.26 Papiermarke, wie sie bis in die 1970er Jahre benutzt wurde. (Foto: Enghausen)

Räume (Bild 10.23) – im ersten Jahr an dieser Stelle (1939) konnte sie 113.470 Essen zu je 30 Pfennig ausgeben. Gegründet worden war diese Küche im Ersten Weltkrieg, wo sie von 1916 bis 1920 in der Fritzenwiese 56 für preiswertes Essen sorgte. Nach einer Pause startete sie 1926 wieder und fand bald steigende Nachfrage – alleinstehende ältere Personen und Berufstätige nutzten sie ebenso wie einige Großbetriebe. Wichtig wurde sie besonders in der Kriegs- und Nachkriegszeit: 1949 erreichte sie mit 187.811 Essen im Jahr ihre bis dahin höchste Nutzung.

Quellen: 6. Verwaltungsbericht.

Von der Volks- zur Bohrmeisterschule

Bald nachdem 1890 die Volksschule III in der Trift 10 ihren Betrieb aufgenommen

10.28 Die Häuser Breite Straße 39 bis 41 stammen noch aus dem Anfang des 18. Jahrhunderts. (Foto: Enghausen um 1995)

10.27 In den 1920er Jahren arbeiteten die Celler Mühlenwerke in der Breiten Straße. (Anzeige im Adressbuch 1922)

10.29 An den Mühlenbetrieb von August Pook schloss sich in der 1930er Jahren für eine gewisse Zeit die Großbäckerei Anton Stahnke an. (Anzeige 1930er Jahre)

10.30 *Mit dem Wirtschaftswunder der 1950er Jahre stieg auch das Warenangebot: Blick in das Schaufenster Breite Straße 42. (Privatfoto 1950er Jahre)*

10.31 *Neubau der „Hilfsschule" 1912 auf den Grundstück der damaligen Triftschule an der Breiten Straße. Seit 1939 beherbergt das Gebäude die Bohrmeisterschule. (Foto: Stadtarchiv)*

10.32 *Der Eingang der Breiten Straße heute. (Foto: Enghausen 1999)*

hatte, gab es Bedarf zur Erweiterung. 1905 wurde zum Beispiel ein Garten an der Breiten Straße „neben dem Knabenspielhofe der Volksschule" angekauft, auf dem ein Jahr später die Turnhalle errichtet wurde. 1909 kam das „Wohnwesen" Breitestraße 1A hinzu – der Garten diente zur Vergrößerung des Schulhofs, das Haus als Dienstwohnung für Rektor und Lehrer (CZ 24.10.1930). Nebenan – Breite Straße 1c – entstand wenig später (1912, Bild 10.31) das Gebäude für die städtische Hilfsschule – die spätere Pestalozzischule. Als diese Einrichtung 1939 in die Kanonenstraße umzog, kam hierher die Deutsche Bohrmeisterschule, die zwei Jahre zuvor nebenan in Räumen der Berufsschule angefangen hatte. Ebenso erhielt sie das Turnhallengebäude an der Breiten Straße 1A. Ihr internationaler Charakter wurde 1997 mit dem Zusatznamen „Drilling School Celle" unterstrichen. Getragen wird die Einrichtung von der Erdöl- und Erdgasindustrie (CK 27.8.1997). 1996 wurden hier zum Beispiel über 50 Seminare, Sonderlehrgänge und Workshops zur Weiterbildung veranstaltet. Die rund 900 Teilnehmer kamen unter anderem aus den früheren GUS-Staaten, aus Polen, Ungarn und sogar aus China (CZ 15.8.1997).

Quellen: 6. Verwaltungsbericht.

Schackstraße

Als man in den 1880er Jahren eine neue Volksschule für Neuenhäusen bauen wollte, hatte man zunächst größeres vor. Denn der

10.33 Die Belegschaft der Baufirma Waack auf dem ehemals Schack'schen Zimmerplatz in der Schackstraße. (Privatfoto: vor 1927)

Schulvorstand wollte zu diesem Zweck 1886 „das gesamte Areal an der Schackstraße, der Zimmerplatz genannt," erwerben. Das war den Aufsichtsbehörden jedoch zu groß, so dass es anders kam.
Die Planungen verweisen auf den Gründer der Schackstraße, den Zimmermeister Theodor Schack. Dieser soll 1869 von einem Bauern in Altenhäusen Grundstücke zwischen der Breiten- und der Fuhsestraße (damals Behrensgasse) erworben haben (CZ 7.6.1963), und nachdem ein Haus (zwischen Nr. 38 und 39) an der Breiten Straße eingezogen wurde, konnte hier eine neue Straße eingerichtet werden: die nach dem Zimmermann benannte Schackstraße. Die ersten Häuser entstanden an der Westseite zur späteren Fuhsestraße hin.
1889 verkaufte Schack seinen Zimmerplatz an den Zimmermeister Johann Waack und erwarb ein Gut im Wendland (CZ 7.6.1963). Dessen 1882 geborener Sohn Hans Waack, der Anfang des 20. Jahrhunderts den väterlichen Betrieb übernahm, wurden dann weit über Celle hinaus bekannt. „Baumeister Waack gilt nach wie vor als eine der stadtbekanntesten Persönlichkeiten von Celle, wenn er mit seinem Schlapphut und weißem Bart durch die Straßen geht oder irgendeine handwerkliche Versammlung geleitet hat," hieß es in der CZ am 28.4.1959, als er sein Amt als Kreishandwerksmeister (seit 1945) seinem Nachfolger, Bäckermeister Herbert Wiese, übergab. Über 40 Jahre ehrenamtliche Tätigkeit für das Handwerk lagen da schon hinter ihm: So war er von 1920 bis 1934 bereits Vorsit-

10.34 Der Architekt Otto Haesler entwickelte für das Bauunternehmen Waack 1927 zwei Blocks mit großen Wohnungen in der Schackstraße. (Foto: Enghausen 1999)

10.35 Haesler versuchte in der Schackstraße „14 Einfamilienhaus-Wohnungen wie im Etagenhaus neben- und übereinander ... anzuordnen" und so kostengüntiger Mietwohnungen für den gehobenen Bedarf zu entwickeln. (Foto: Enghausen 1999)

zender des Celler Handwerksamts (Vorläufer der Kreishandwerkerschaft) und von 1932 bis 1950 Obermeister der Innung des Bauhandwerks.

Waack starb 1974. An ihn erinnert ein bedeutendes Bauwerk in der Schackstraße, das er 1927 nach den Plänen des bekannten Architekten Otto Haesler errichten ließ. Große Wohnungen für den gehobenen Bedarf, wie sie eigentlich damals nur in Form von Einfamilienhäusern gebaut wurden, sollten hier entstehen – aber kostengünstiger als es Einzelhäuser sein konnten. „Aus dieser Überlegung ergab sich von selbst der Versuch – hier im Kleinen – 14 solcher Einfamilienhaus-Wohnungen wie im Etagenhaus neben- und übereinander so anzuordnen, daß sie von einem Etagentreppenhaus zugänglich waren, daneben aber noch eine zweite Treppe zur Verbindung der beiden Wohngeschosse beibehielten," berichtet Haesler 1957 in seinen Erinnerungen.

Diese einstigen Maisonette-Wohnungen in der Schackstraße 3 und 4 fanden einen sehr guten Zuspruch – Bauherr Waack selbst hatte hier bis in die 1970er Jahre sein Büro. Und angesichts der Größe dieses privaten Wohnbauprojektes konnte er auch sehr selbstbewusst auftreten: „Nachdem auf dem Grundstück jetzt 16 große und 2 kleine Wohnungen gebaut sind, dürfte der Wunsch nicht unbillig sein, dass die Herrichtung des Fusssteiges und der Auffahrten seitens der Stadt auf eigene Kosten vorgenommen wird," schrieb Waack 1928 an die Stadtverwaltung.

Quellen: Stadtarchiv 17C254 und 30/95, Adressbücher, ArchiTekturen, Haesler, Baugewerk.

Die Kirchstraße

11.2 *Im Eckhaus Breite Straße/Kirchstraße hatte einst die Kochherdfabrik Kipp ihren Ausstellungs- und Verkaufsraum. (Ausschnitt aus einer Postkarte, vor 1914)*

11.3 *Neben „Dampf-Caffee Röstmaschinen neuester Construction" und „schmiedeeisernen Sparherden solidester Construction" (Anzeige 1896) konnte die Fabrik auch „Eiserne Öfen" anbieten. (Anzeige im Adressbuch 1900)*

Bild auf der vorigen Seite:
11.1 Blick in die Kirchstraße am Anfang des 20. Jahrhunderts – rechts die Neuenhäuser Kirche, links im Vordergrund das Haus Kirchstraße 1 am Eingang der Hugenottenstraße. (Postkarte 1908)

Schmiede, Schlosserei, Kochherdfabrik

Dass es in Neuenhäusen nicht immer ruhig zuging, machte der Gastwirt und Rossschlachter Wilhelm Tündermann, Kirchstraße 3, 1876 in einer Beschwerde deutlich: „Der Schlossermeister Kipp an der Breiten Straße hat zu der von ihm bereits seit längeren Jahren betriebenen Schlosserei neuerdings noch eine Kochherdfabrikation angelegt. ... Diese ... besteht ihrem Hauptteile nach in dem Zusammennieten von mehr oder minder starken Blech- und Eisenplatten. Dieses Zusammennieten von hauptsächlich hohlen Körpern verursacht ein so ungewöhnlich starkes Geräusch," wie bei keinem anderen Gewerbe. „In unmittelbarer Nähe des Kippschen Hauses befinden sich die Neuenhäuser Kirche und 2 Schulen, welche durch das Geräusch erheblich gestört werden, so daß die Lehrer sich häufig kaum vernehmbar machen können, der Lehrer Lauenstein hat z.B. noch neuerdings eine Geschichtsstunde in eine Gesangstunde verwandeln müssen, um die Kinder nicht geradezu nach Hause zu schicken."

11.4 *Die Gebäude der Kochherdfabrik Kipp gingen von der Breiten- bis zur Hugenottenstraße. (Foto: Enghausen, um 1995)*

Diese Kochherdfabrik befand sich in dem Eckhaus Breite Straße 29 mit dem Hintergebäuden Kirchstraße 1a. Die Metallverarbeitung hat an dieser Stelle Tradition, die sich in den Steuerlisten bis 1754 zum Kleinschmiedemeister Runge zurückverfolgen läßt. Wilhelm Kipp kann in seiner Antwort auf die Beschwerde 1876 auch darauf verweisen, dass schon sein Vater hier vor über 40 Jahren Kochherde herstellte – unter anderem 1845 für den Mühlenbesitzer Scharnhorst in Celle sowie 1849 für den Bäckermeister Wrede (Breite Straße) und für den Oberlandesgerichtspräsidenten von der Osten. Der Sohn hatte diese Produktion noch erweitert und dazu 1872 auch eine Dampfmaschine angeschafft. In diesem Rahmen wird auch ein circa 15 Meter hoher Schornstein auf dem Grundstück genannt. – Die Schlosserei Kipp wird noch bis 1949 im Adressbuch erwähnt.

Quellen: Stadtarchiv 25H515, 25H540 und 21/IX.

Hugenottenstraße

Mit ihrem relativ geschlossenen Straßenbild, das durch eine ganze Reihe eingeschossiger Fachwerkbauten aus der Zeit um 1700 geprägt ist, erinnert die Hugenottenstraße heute noch an die Zeit der Entstehung Neuenhäusens. Der Namen weist dabei auf die französischen Glaubensflüchtlinge, die um diese Zeit auch in Celle eine neue Heimat fanden. Allerdings lassen sich gerade in dieser Straße keine hugenottischen Bewohner nachweisen, denn dieser Straßennamen ist neu – er kam erst 1928.

Seit Ende des 19. Jahrhunderts hieß der Weg Thaerstraße (Beschluss 24.5.1893). Zum 100. Todestag des Begründers der modernen Landwirtschaft wollte man dann 1928 eine bedeutendere Straße nach Albrecht Thaer benennen – die heutige Westcellertorstraße. Für die kleine Straße in Neuenhäusen konnte man dann aber nicht wieder auf ihren ursprünglichen Namen zurückgreifen (Schulstraße/Schulgasse), weil es an anderer Stelle in Celle (Hehlentorgebiet) schon diesen Namen gab, berichtete Karl Birkner in einem Zeitungsartikel (CZ 27.6.1930).

Der Malermeister Birkner (1894-1963) gehörte durch seine umfangreiche ehrenamtliche Arbeit – unter anderem Mitbe-

11.5 Von 1701 bis 1890 befand sich in diesem Haus Hugenottenstraße 2 die Neuenhäuser Schule. (Foto: Enghausen, um 1995)

11.6 Die Hugenottenstraße fällt noch heute durch ihr relativ geschlossenes Straßenbild auf – Blick vom Haus Nr. 24 (links) in Richtung Neuenhäuser Kirche. (Foto: Stadtarchiv, vor 1937)

11.7 – 11.9 Zwischen 1851 und 1866 wurde die Neuenhäuser Kirche stark umgebaut und erhielt dabei auch einen Kirchturm (Bild 11.7 zeigt noch die alte Turmspitze). Gleichzeitig wurde damals und dann 1910 (Bild 11.8) das Innere farbig ausgestaltet, was bei den Renovierungen 1952 und 1964 wieder zurückgenommen wurde (Bild 11.9) – (Bild 11.7: aus dem Blatt „Panorama von Celle" von 1866, Lithographie F.G. Müller; Fotos 11.8 und 11.9: Kirchengemeinde Neuenhäusen, vor 1952 bzw. um 1964)

gründer der „Freien Volksbühne" – zu den bekanntesten Bewohnern dieser Straße (CZ 24.3.1952). Unter anderem kümmerte er sich auch um die Geschichte seines Stadtteils.

Quellen: Baudenkmale, Stadtarchiv 21/IX und 8A30.

Die Neuenhäuser Schule

„KOMMET HER KINDER; HÖRET MIR ZU; ICH WILL EUCH DIE FURCHT DES HERREN LEHREN; PSALM 34, V 12, ANNO 1701" – diese alte Inschriftentafel am Eckhaus Hugenottenstraße 2 erinnert noch heute an die alte Neuenhäuser Schule, die der Straße ursprünglich ihren Namen gab. Ausgangspunkt dafür war das Küsterhaus der Kirche an dieser Stelle. Im Laufe der Zeit reichte der Platz nicht, und es kamen Räume in der Hugenottenstraße 8 (1844) und Jägerstraße 34 (1848) hinzu (vgl. CZ 27.6. 1930) und ab 1873 – nach der Überlieferung des Hauses – eine Klasse in Nr. 6.

Schulunterricht soll es in Neuenhäusen schon seit 1681 gegeben haben (C. Cassel), aber die räumlichen Probleme hörten erst 1701 auf, als die Gemeinde das Schulhaus baute – heute ist es das zweitälteste Schulgebäude in Celle. Es war bis zum Bau der Triftschule 1890 Unterrichtsstätte für die Kinder Neuenhäusens.

Quellen: Schwägermann, Cassel Bd. 1, Baudenkmale.

Der Neuenhäuser Friedhof

Das Schulhaus ist damit älter als die Neuenhäuser Kirche selbst (1711/1751), aber jünger als der Neuenhäuser Friedhof. Am 6.6.1690 hatte Herzog Georg Wilhelm für die neuen Anwohner vor dem Westceller Tor „einen Platz zum Kirchhofe an Unserem daselbst liegenden Immenzaun bei den alten Häusern" zur Verfügung gestellt – Immenzäune sind Gestelle für eine größere Zahl von Bienenkörben, und dem Herzog gehörten nach dem Burgvogteiregister von 1664 vier solche „Immenstedten" vor Celle: auf dem Arloh, „ufm Buchholz", in Westercelle „in der Behre" und eben vor dem Westceller Tor.

Die Schenkung erfolgte offiziell erst 1690, aber bereits 1689 konnte die erste Beerdigung hier stattfinden. Schon bald reichte der

11.10 Neben dem in dieser Größe seltenen Grabplattenfeld weist der Neuenhäuser Friedhof einige barocke Grabsteine auf, wie diesen Stein für den Hofsattler und Stellmacher Reibenstein († 1690). (Foto: Enghausen, um 1999)

11.11 Nachdem Neuenhäusen 1751 eine eigene Kirchengemeinde geworden war, wurde 1752 das Pfarrhaus gebaut. (Privatfoto, wohl 1920er Jahre)

11.12 Das Wachsen der Gemeinde und ihrer Aufgaben macht der Bau links deutlich: 1900 wurde neben dem Pfarrhaus ein „Konfirmandensaal" im damaligen Stile des Historismus errichtet. (Privatfoto, wohl 1930er Jahre)

Platz aber nicht mehr aus, so dass der Friedhof mehrmals erweitert wurde. So kam 1724 auch das Gelände des dann schon aufgegebenen herzoglichen Immenzauns dazu. Überregional bedeutend ist an ihm heute das große Grabplattenfeld, zu dem über 127 Totenkammern gehören. Sie machen deutlich, dass hier viele wohlhabende Leute ihre letzte Ruhe fanden, nicht nur aus Neuenhäusen selbst. Und als Einrichtung der politischen Gemeinde Neuenhäusen war es von vornherein ein „ökumenischer" Friedhof, auf dem auch Hugenotten und katholische Familien ihre letzte Ruhe fanden. So findet sich hier der Grabstein der Anna Catharina Chappuzeau († 1744) aus der reformierten Gemeinde. Zu den besonders schönen Steinen gehört auch der für Catarina Marlena Heine, der 1747 gestorbenen Frau des Baders Heine.

Quellen: Nds. HstA Hann 74 Celle Nr. 52, Hugenotten, Schwaegermann.

Die Neuenhäuser Kirche

1719 erwarb der „Königliche und Churfürstliche Cantzley Director Ernst von Hustedt" von den Vorstehern „der Neuen Capellen vor dem WesterZeller Thore" eine Grabstelle für seine Familie, und zwar „zwischen der großen KirchThur nach der gaßen und denen Herrn Bilderbeckschen Begrabniß belegen." Schon bald ergab sich also die Notwendigkeit, zumindest eine Kapelle (eben mit dieser „KirchThur") auf dem Fried-

11.13 Das Erdgeschoss des „Konfirmandensaales" ist noch im heutigen Gemeindehaus erhalten. (Foto: Enghausen, um 1995)

hof zu errichten. Dazu begann man im ganzen Kurfürstentum Hannover zu sammeln, vor allem aber in Celle. Auch die Herzogswitwe Eléonore Desmier d'Olbreuse und die Reformierte Gemeinde Neuenhäusens unterstützten dies Vorhaben.

Die 1710/11 als Fachwerkbau errichtete Kapelle war, angesichts des damaligen Brauches der aufwendigen Trauerfeiern, ebenso groß wie die rund 50 Jahre vorher errichtete Kapelle auf dem Bürgerfriedhof vor dem Hehlentor (die heutige Bonifatius-Kirche Klein Hehlen).

Gute Einnahmen sowie namhafte Spenden machten 1751 den Ausbau zu einer eigenen Kirche möglich, nachdem Neuenhäusen aus dem Bezirk der Stadtkirche, zu der es bis dahin gehörte, gelöst worden war. Aus dieser ersten Kirche haben sich bis heute insbesondere die geschnitzten Apostelfiguren, ein Kruzifix und die Kanzel erhalten.

Die Kirche ist mehrfach umgebaut worden. So erhielt der Fachwerkbau nach den Plänen des bekannten Konsistorialbaumeisters Conrad Wilhelm Hase (Hannover) von 1851 bis 1866 eine massive Backsteinaußenwand im Stile des Historismus sowie den heutigen Turm. Dabei entstand auch durch einen Vorbau nach Süden ein Eingang zur Straße (siehe Bild 11.1). Er wurde 1964 wegen des zunehmenden Straßenverkehrs geschlossen. Damals wurde die Kirche erneut grundlegend renoviert und manche Veränderung aus dem 19. Jahrhundert wieder entfernt. „Der Altar von 1866, der erst 1952 durch die Beseitigung der unruhigen Malerei des Hintergrundes neu in den Blick gerückt ist, ... zeigte im Gemälde des Mittelfeldes den Gekreuzigten. An seine Stelle sind ein wuchtiger Block aus Dörper Sandstein als Altartisch und über ihm vor der Chorwand ein lebensgroßes Kruzifix getreten, beide in schlichter romanischer Form," schrieb Stadtarchivar Jürgen Ricklefs damals (CZ 19.12.1964). Dabei wurden auch die Chorfenster, deren buntes Glas durch die Druckwelle des Bombenangriffs von 1945 zerstört worden waren und die seitdem geschlossen waren, so zugemauert, dass sie von innen nicht mehr zu sehen sind.

Quellen: Nds. HstA. Han 72 Celle Nr. 362, Kloß, Schwaegermann.

11.14 Neben dem Pfarrhaus (links) sieht man hier noch das kleine Feuerspritzenhaus und auf der anderen Straßenseite die Gärtnerei. (Postkarte, vor 1911)

11.15 Über 160 Jahre bis in die 1960er Jahre bestand die Gärtnerei Augustin in der Kirchstraße. Ihre großen Ländereien reichten ursprünglich nach Süden bis zur Fuhse. (Foto: Stadtarchiv, vor 1936)

11.16 1923 erwarb Gustav Levermann die ehemals Törflersche Bäckerei in der Kirchstraße für seine Holzhandlung. (Foto: Levermann, 1950er Jahre)

11.17 Zu den denkwürdigen Ereignissen in Neuenhäusen zählt der Großbrand bei Levermann im September 1974, der das Firmenlager vernichtete und auch noch an den umliegenden Häusern Schäden anrichtete. (Privatfoto 1974)

11.18 Dieter Levermann mit dem ersten motorisierten Firmenlieferwagen in der Nachkriegszeit. (Privatfoto, 1950er Jahre)

Neuenhäuser Spritzenhaus

„Spritzenhaus" und „Pfarrhaus" der Neuenhäuser Kirchengemeinde sind nach dem Adressbuch 1898 die an den Friedhof nach Westen angrenzenden Gebäude (Bild 11.14). Ersteres verweist auf alte Traditionen des Feuerlöschwesens. Zur Prüfung der „Herrschaftlichen Sprütze No. 5", die im „Weißen Haus" beim Schloss stand, mussten beispielsweise um 1810 die Neuenhäuser in drei Gruppen antreten: die „bei den Wasserfässern Angestellten" sollten „auf dem Schloßplatz vor dem weißen Hofe" antreten, außerdem „bei dem Neuenhäuser Spritzenhause die bei den Leitern, Feuereimern und sonst zur Rettung Angestellten" und der Rest sowie die Frauen „auf der Jägerstraße bei der Feuergasse", wo man Löschwasser aus der Fuhse holen konnte.

Wenig später (1823) kam diese Feuerspritze dann auch in das Spritzenhaus, das bis zu seinem Abriss 1911 bestand. Eine Bedeutung für die Feuerwehr hatte es zum Schluss nicht mehr, das Neuenhäuser Schlauchmaterial und die Leitern waren zu dieser Zeit beim Schornsteinfeger Niebuhr in der Jägerstraße untergebracht.

Quellen: Stadtarchiv 23E1 und 14A104, Adressbuch.

Pfarrhaus und Gemeindesaal

Neben dem unscheinbaren Spritzenhaus, das wie ursprünglich auch der Friedhof der politischen Gemeinde Neuenhäusen ge-

hörte, lag das Pfarrhaus der Kirchengemeinde. Es wurde 1752 für den ersten Neuenhäuser Pastoren, Carl Friedrich Kaiser, errichtet. Bis 1971 stand es direkt an der Straße (Bild 11.11 bis 13), dann wurde es durch einen modernen, weiter zurückliegenden Bau abgelöst und abgerissen (CZ 22.6.1971).
Neue Formen vor allem der Jugendarbeit, die Pastor Hermann Crome (1889 bis 1933) vorantrieb, hatten im Jahre 1900 schon zum Bau des „Konfirmandensaals" neben dem Pastorenhaus geführt. 35 Jahre später hatte man schon das Baumaterial für die Vergrößerung bereit, musste dann jedoch den größten Teil davon abgeben für Rüstungsprojekte des Dritten Reiches im Vorfeld des Zweiten Weltkrieges. So gab es nur einen bescheidenen Anbau.
Nach dem Krieg war das Gebäude nicht nur für die Neuenhäuser Gemeinde ein Zentrum, sondern auch für andere religiöse Gruppen, die hier vorübergehend eine neue Heimat fanden. Trotz Kriegsschäden bewahrte es bis 1970 sein altes Aussehen. Dann wurde wegen Holzbockbefall der Dachstuhl abgerissen und es erfolgte ein Angleichen an die Flachdachbauweise der jüngeren Nachbarhäuser (Bild 10.13 und 19).
Zu diesen Nachbarhäusern gehörte seit 1965 auch das „Haus der Altenbegegnung", das im ehemaligen Pfarrgarten errichtet wurde.

Quellen: Schwaegermann, Adressbücher.

Emigrantenstraße

Der Namen Emigrantenstraße geht auf ein Ereignis im Jahre 1733 zurück. In dieser Zeit mussten viele Protestanten aus dem Salzburgischen ihre Heimat verlassen, wenn sie ihren Glauben behalten wollten. Drei dieser Familien (zirka 30 Menschen) kamen am 30.9.1733 nach Celle, wurden feierlich begrüßt und erhielten eine neue Heimat in der Altenceller Vorstadt (im Haus Masch 6) und in Neuenhäusen in der Emigrantenstraße. 1754 lebte „In der so genandten Emigrantengasse" im heutigen Haus Nr. 8 des „Emigranten Ludewigs Wittwe". Außerdem ist aus den Kirchenbüchern dieser Zeit

11.19 Die Firma Levermann bestand bis Ende 2001. Im Vordergrund sind der Gemeindesaal und das Pfarrhaus der Kirche zu sehen. (Foto: Firmenarchiv, nach 1974)

11.20 Über 20 Jahre konnte das Schützencorps Neuenhäusen gemeinsam mit der Bevölkerung des Stadtteils den Auftakt des Celler Schützenfestes auf dem Levermannschen Grundstück feiern. (Foto: Enghausen, 2000)

11.21 Altenhäusen war wie Neuenhäusen ursprünglich geprägt von solchen giebelständigen Fachwerkhäusern – hier Kirchstraße 13. (Foto: Enghausen, um 1970)

eine Emigrantenfamilie Kein/Keine für Neuenhäusen bekannt.

Quellen: Birkner, Maehnert, Stadtarchiv 21 IX 416.

Von der Roßschlachterei zum „le bistro"

Die Gastwirtschaft in der Emigrantenstraße 1 geht auf die „Pferdeschlachterei, Speisewirtschaft und Bierauschank" zurück, die Wilhelm Tündermann um 1862 zunächst in der Kirchstraße 3 gegründet hatte und dann um 1890 in das dazu umgebaute Haus in der Emigrantenstraße verlegte. Der spätere Wirt Heinrich Schulz berichtet 1931 über ein großes Einzugsgebiet: „bei Zusammenkünften von Landwirten aus der südlichen und südöstlichen Umgebung von Celle, bei sportlichen Veranstaltungen, bei Vereins-Zusammenkünften" und bei besonderen Anlässen wie „Skatabenden" wurden damals die Räume zu klein, so dass er ausbauen wollte. Schon 1901 hatten der „Humoristische Club Cellensia" und der Kegelclub „Guth Holz" hier ihr Domizil. Seit etwa 1978 machte sich das Haus als „le bistro"

11.22 Kinder aus Altenhäusen vor dem heute nicht mehr bestehenden Haus Kirchstraße 15/16. Aufgenommen wurden sie in den 1930er Jahren von einem Straßenfotografen. (Privatfoto, 1932)

11.23 Auch das Haus Kirchstraße 41 – zu der Zeit Kaufmann Mahn – wurde 1945 zerstört. (Privatfoto, um 1937)

11.24 Auf dem Weg von den Schießständen im Neustädter Holz zur Kaserne marschieren Soldaten durch die Kirchstraße. Es ist überliefert, dass ein Zug regelmäßig diesen Weg nahm, weil die Freundin des Feldwebels in der Straße wohnte. – Im Vordergrund sind die Häuser Nr. 15/16 (links) und Nr. 41 (rechts) zu sehen, im Hintergrund das Haus Nr. 36, aus dem 1947 dann das Bild 11.27 gemacht wurde. (Privatfoto, um 1937)

(heute „Gegen den Strich") einen Namen durch alternative kulturelle Veranstaltungen (CZ 23.11.1992).

Quellen: Stadtarchiv 25H164, Adressbücher, Celle-Lexikon.

Gärtnerei und Holzhandel

Die Kirchstraße wurde auch durch zwei Unternehmen bekannt: die Gärtnerei Augustin und die Holzhandlung Levermann. Als Familienunternehmen mit einer mindestens 160-jährigen Tradition bestand die Gärtnerei bis in die 1960er Jahre. Sie befand sich in einem großen, Ende des 18. Jahrhundert gebauten Fachwerkhaus in der Kirchstraße 4. Das Grundstück reichte einst über die Jägerstraße hinaus bis an die Fuhse und es war auch mit Parkelementen gestaltet. 1942 befand sich hier noch eine große Linde, die damals einzigartig in Celle war (CZ 22.6.1942), und man sah Reste der alten Kegelbahn, an der sich einst der „Augustinsche Klub" traf.

Jünger ist die Holzhandlung, die 1920 von Gustav Levermann gegründet worden war (CK 23.12.2001). Das Familienunternehmen, das Ende 2001 schloss, hatte sich einen guten Namen weit über den

11.25 Spielende Kinder in den 1940er Jahren in der Kirchstraße, die diesmal Richtung Osten zu sehen ist mit dem Wichmann'schen Gärtnerei-Grundstück und Haus Nr. 41 auf der linken Seite. Beide wurden beim Bombenangriff vom 8. April 1945 ebenso zerstört wie die hier auf der anderen Straßenseite gezeigten Häuser, deren Grundstücke heute mit zum Stadtwerksgelände gehören. (Privatfoto, um 1942)

Grafik 11.26 gibt im Stadtplan von 1925 einen ungefähren Überblick über den Teil der Bombentreffer (als Sternchen dargestellt) vom 8. April 1945, der im Bereich Kirchstraße/Fuhsestraße niederging. (Grafik: Enghausen)

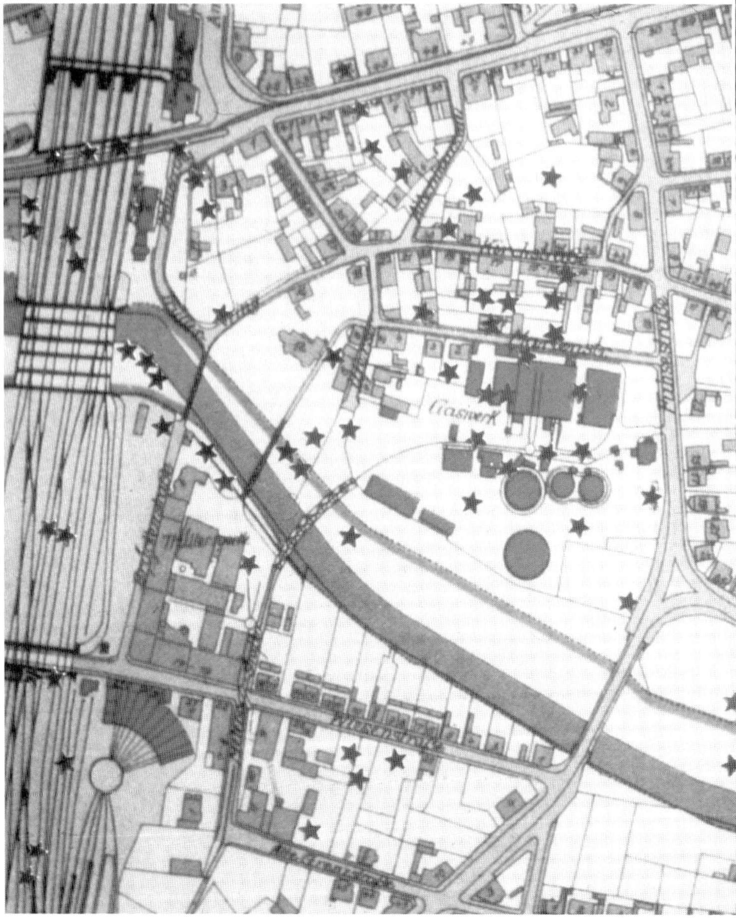

11.27 Blick aus dem Dachgeschoss der Hauses Kirchstraße 36 auf die durch den Bombenangriff 1945 zerstörten, mittlerweile aber wieder etwas aufgeräumten Teile der Kirchstraße – links im Vordergrund das Dach von Nr. 38, rechts das Haus Nr. 21. (Foto: Heinz Busch, 1947)

Stadtteil hinaus gemacht und auch Rückschläge wie den großen Brand von 1974 (CZ 16.9.1974) überstanden.

Quellen: Adressbücher, Siebern.

Zerstörungen durch die Bomben 1945

Nachdem seit 1941 fünfmal vereinzelte Fliegerbomben in der Stadt Celle kleinere Schäden anrichteten, kam es am 8. April 1945 zwischen 18 und 19 Uhr zu einem großen Bomberangriff, dessen Zentrum der Güterbahnhof sein sollte. Dabei gab es aber auch im Bereich der Kirchstraße viele Zerstörungen.

„Die Verwüstungen am Bahnhof und um das Gaswerk herum waren sehr groß, ... Einer der grossen Dampfkessel des Gaswerks war durch die ... Gebäude Kirchstrasse 18 u. 19 geflogen und lag auf der Kirchstrasse, so dass man kaum durchkonnte; ferner lagen meterhohe Schuttberge vor den total zerstörten Häusern Kirchstraße 1, Nr. 15/16, Nr. 17, Nr. 18, Nr. 19 u. Nr. 39 u. 40 auf der Kirchstrasse. An die Marienstrasse konnte man noch nicht herankommen. Das Wohnhaus und die Pferdeställe Nr. 7 brannten noch. Ferner standen noch Teile des Gaswerkes ... in Flammen." So fasste Stadtoberinspektor Wilhelm Walkling zwei Jahre später (28.4.1947) seine Eindrücke vom Abend nach dem Bombenangriff in der Kirchstraße zusammen. Dadurch dass ein Zug mit KZ-Gefangenen auf dem Güterbahnhof getroffen wurde, gab es eine große

11.28 Anstehen nach Heizmaterial im sehr kalten Winter 1946/47 vor der Kohlenhandlung Oehlmann in der Straße Altenhäusen. (Foto: Oehlmann, um 1946)

11.29 Ende des 19. Jahrhundert entstanden die Ufer- (Foto) und die Marienstraße. Auch hier gab es bei dem Bombenangriff vom April 1945 zahlreiche Zerstörungen. (Foto: Enghausen, um 1985)

Zahl von Opfern. (siehe dazu Kapitel 16, sowie zum Gaswerk Kapitel 13).

Nach einer ersten statistischen Übersicht war die Stadt Celle nach dem Wert der durch die Kriegszerstörungen angerichteten Schäden die am schwersten betroffene Stadt im damaligen Regierungsbezirk Lüneburg (Lüneburger Landeszeitung 12.4.1946). 125 Wohngebäude, 44 Nebengebäude, 14 Fabrikgebäude und zwei öffentliche Gebäude waren total zerstört, eine noch größere Zahl war beschädigt (nach einem Fragebogen vom 1.7.1945). Der Architekt Wilhelm Diener ermittelte am 30. Juni 1945 allein für Neuenhäusen (nur das alte Kerngebiet bis zur Fuhse) 24 total zerstörte Gebäude, 30 Gebäude, bei denen Einsturzgefahr bestand, und 346 Gebäude mit Teilschäden.

Die Schwerpunkte des Angriffs lagen (auf Neuenhäuser Seite) im Gebiet zwischen Bahnhofstraße und Stadtwerken sowie im Bereich der Güterabfertigung und der dahinter liegenden Industriebetriebe. Schäden vor allem durch die Druckwellen der Bomben sind im Osten bis zur Hannoverschen Straße, im Norden bis zur Trift, im Süden bis zum Mondhagen und im Westen – hier richteten Bomben im Heesegebiet große Schäden an – bis weit in die Neustadt gemeldet. Und noch im Hermann-Billung-Gymnasium am Nordwall gingen 18 Fensterscheiben zu Bruch.

In Fragebogen für jedes Haus wurden die meisten Schäden festgehalten – manche verzichteten aber wohl auf das Ausfüllen der Bögen, weil sie sowieso keine Unterstützung beim Wiederaufbau erwarteten. Danach gab es in der Kirchstraße selbst an acht Häusern in Höhe des Gaswerkes Totalschäden (Nr. 14, 15, 15/16, 17, 18, 19, 39 und 41), 13 Häuser meldeten schwere und zwölf mittlere Dachschäden sowie weitere Zerstörungen.

Quellen: Stadtarchiv 14A358, 26/781, 26/789 und 26/799, 6. Verwaltungsbericht.

Altenhäusen

Stark betroffen von dem Zerstörungen des Bombenangriffes waren auch die Nachbarstraßen. An der Bahnhofstraße gab es min-

destens vier „Totalschäden“ (Nr. 37, 38, 39 und 44), am Trüllerring zwei (Nr. 5 und 12), in der kleinen Marienstraße sieben (Nr. 1-7), und in der kleinen Querstraße Altenhäusen drei (Nr. 1, 2 und 4).
Aber nicht erst durch diese Bomben hat sich das Bild im Stadtteil „Altenhäusen“ stark gewandelt. Die Industrie am Güterbahnhof und der Bahnhof hatten den einstigen dörflichen Charakter verändert. Noch am 14.4.1855 heißt es über ein Haus in der Nähe des Bahnhofs, dass es am sogenannten „Ententeiche der Gemeinde Neustadt-Altenhäusen“ liegt. Dies verweist zugleich auch darauf, dass Altenhäusen ursprünglich mehr nach der Neustadt orientiert war – beim Schützenverein Neustadt-Altenhäusen, der gegründet wurde, bevor die trennenden Bahngleise gebaut wurden, hat sich dies auch erhalten. Denn beide Gemeinden bestanden schon vor 1680, also vor dem Wachstum von Neuenhäusen. Als die erste Ansiedlung vor dem Westceller Tor – „Im Sande“ beim späteren Sandkrug – im 30-jährigen Krieg dem Ausbau der Stadtbefestigung weichen musste, wurden ihre Häuser, so Clemens Cassel, im späteren „Altenhäusen“ angesiedelt – und andere vorstädtische Häuser in der Neustadt.
Wichtig für die neue Siedlung war die „Altenhäuser Forth“, ein Fuhseübergang in Höhe der heutigen Brückenstraße, durch den die Altenhäuser Landwirte auch die Felder im sogenannten Westerceller Feld errei-

11.30 Blick in das Innere der Marienkapelle, die 1880 in der Marienstraße errichtet wurde. (Foto: Concordia-Gemeinde, vor 1917)

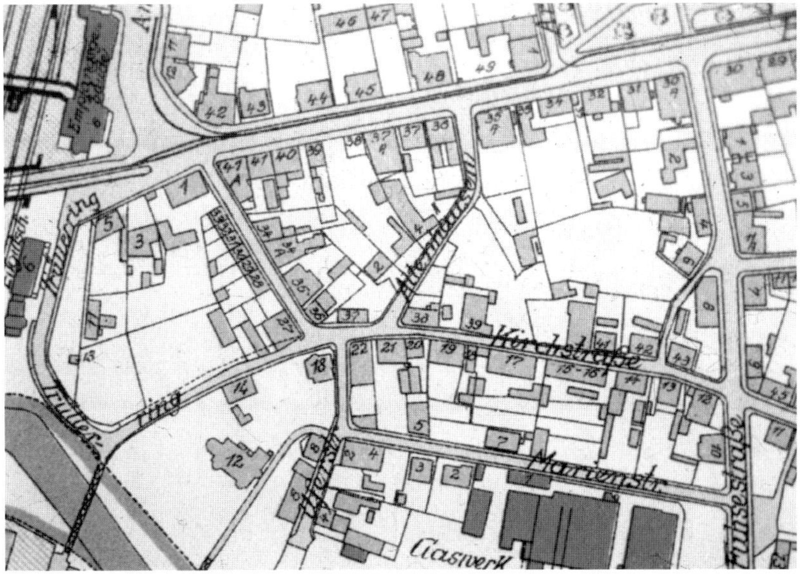

11.31 Der Stadtplan von 1925 zeigt noch den alten Verlauf der Marienstraße, die nun zum Gelände der Stadtwerke eingezogen ist. (Stadtarchiv)

11.32 1892 wurde das Pfarrhaus der Concordia-Gemeinde in der Marienstraße 2 errichtet, rechts dahinter die Marienkapelle. 1917/21 wurde beides zur Hannoverschen Straße verlegt. (Foto: Concordia-Gemeinde, vor 1917)

11.33 Das Haus Marienstraße 7 mit den daneben befindlichen Speditionsgebäuden wurde am 8. April 1945 total zerstört. (Privatfoto, 1920er/30er Jahre)

11.34 Die Spedition Peter Wesch war seit Ende des 19. Jahrhundert in der Marienstraße 7 ansässig. Das Bild zeigt den Firmenchef in den 1930er Jahren bei einem Stückguttransport auf dem Union-Platz. (Privatfoto, Ende 1930er Jahre)

chen konnten. „Hinter der Kirchstraße nach der Neustadt hin liegt die Commune der Alten-Häuser, früher wahrscheinlich ein Dorf, und auch noch jetzt zerstreut liegend und mit Stroh gedeckt (jetzt 24 Häuser)," berichtet Spangenberg etwas abfällig 1826. Dabei endet für ihn die Kirchstraße etwa in Höhe der heutigen Behrensgasse. Noch bis in die 1870er Jahre heißt die Kirchstraße demnach von den Nummern 13 bis 42 „Altenhäusen".

Quellen: Stadtarchiv 26/789, Nds. HStA. Han 72 Celle Nr. 433, Cassel Bd.1.

Marienstraße

„Von der Kirchstraße führt bei Nr. 10 ein gepflasterter Weg ab nach der städtischen Gasanstalt, erbaut 1888/89, und nach dem kleinen Kirchlein der separierten Kirche," beschrieb Heinrich Dehning das heutige Gelände der Stadtwerke an der Fuhsestraße im Jahre 1891. Dazu gehört seit etwa 1945 auch die erst Ende des 19. Jahrhunderts entstandene Marienstraße. 1880 hatte die heutige Concordia-Gemeinde hier (Nr. 2) eine erste Kapelle bauen können (CZ 6.10.1930). Für eine Erweiterung des Gaswerks erwarb die Stadt 1917/18 das Grundstück und sorgte für Ersatz in der Hannoverschen Straße (siehe Kapitel 7). Nach den Zerstörungen 1945 kamen auch die übrigen Häuser der Marienstraße zum Gaswerksgelände – wobei sich die Besitzer gerade in dieser schwierigen Zeit nur ungern trennten und statt Geld lieber ein Ersatzgrundstück wollten.

Quellen: Dehning, Kirche, Stadtarchiv 14A358, 5. Verwaltungsbericht.

11.35 Firmenreklame der Spedition im Celler Heimatbuch 1921.

Trüller

12.3 Die Ansicht der Fabrikanlagen auf einer Trüller-Keksdose (vor 1914) zeigt noch, dass sich die Fabrik an der Brückenstraße ursprünglich aus mehreren verschiedenen Häusern entwickelte. (Foto: Enghausen)

Bilder auf der vorigen Seite:
12.1 Blick auf die Trüllerfabrik um 1930. Im Vordergrund links die Straße Alte Grenze. (Postkarte um 1930). Bild 12.2 Eins der wenigen alten Emaille-Werbeschild der Firma Trüller. (Foto: Enghausen)

Eisenbahn- und Goethestraße

Im Februar 1896 schrieb der Fabrikant Harry Trüller an die Stadt über seine neue „Victoria Zwieback Fabrik“ in Celle: „Nachdem ich mit dem Neubau meiner Fabrik auf meinem Grundstück nördlich der Wiesenstraße östlich der Bahnlinie Celle-Hannover begonnen habe, denke ich Anfang Mai meinen ganzen Betrieb dorthin zu legen, und richte deshalb an den wohllöblichen Magistrat das Ersuchen, den beiden Straßen, die mein Grundstück östlich und westlich begrenzen, Namen zu geben...“
Und er fährt fort: „Wenn auch die Straße, die den Fuhsesteg mit der Wiesenstraße verbindet, bisher in Ermanglung eines anderen Namens mit zur Heese gerechnet ist, so ist

12.4 Trüllers Erfindung einer Zwiebackschneidemaschine (1891) sorgte mit dafür, dass eine industrielle Produktion von Zwieback möglich wurde und begründete den Erfolg des Unternehmens. (Foto: Bomann-Museum, um 1900)

12.5 Der Fabrikant Harry Trüller (1868-1934) wurde 1930 Ehrenbürger der Stadt Celle. (Foto: Stadtarchiv, um 1930)

12.6 Noch vor dem Ersten Weltkrieg erhielt die stark gewachsene Fabrikanlage ein einheitliches Gesicht – im Vordergrund der noch leere Gleiskörper nach dem Bau der Heeseunterführung 1914. (Postkarte um 1914)

12.7 Die 1919 von Otto Haesler gebaute Direktorenvilla der Fabrik am ehemaligen Trüllerring wurde 1945 durch Bomben zerstört. (Foto: Stadtarchiv, vor 1945)
12.8 Für die immer zahlreicher werdenden Beschäftigten wurde der ursprüngliche Holzsteg zwischen Trüllerring und Brückenstraße 1912 durch eine Betonbrücke ersetzt. (Postkarte, wohl um 1930)

12.9 Auf den großen Stahlband-Gas-Backöfen wurden in den 1930er Jahren bis zu 180 Zentner Dauerbackwaren hergestellt. (Firmenfoto, 1930er Jahre)

12.10 Im Jahre 1908 ließ Trüller von dem Architekten Otto Haesler das Gebäude für ein Elektrizitätswerk in der Wiesenstraße errichten, das die Fabrik mit Strom versorgte. (Foto: Bomann-Museum)

12.11 An der Stelle der ehemaligen Trüllervilla (links) wurde 1969 das heute noch stehende Verwaltungsgebäude der Fabrik gebaut. (Postkarte, wohl 1920er Jahre)

dies doch weder richtig noch schön. Meines Erachtens müßte die ganze Straße vom Hause des Schlossermeisters Heindorf, dem Hintergebäude des Schlachtermeisters Eggers und dem Hause des Zimmermeisters Laue (heute wären dies Kirchstraße 27 und 28 und Brückenstraße 9) bis zur Einmündung in die Wiesenstraße den Namen ‚Eisenbahnstraße' führen. ... Für die mein Grundstück östlich begrenzende Straße gestatte ich mir, die Bezeichnungen ‚Schillerstraße', ‚Goethestraße' oder ‚Louisenstraße' in Vorschlag zu bringen."

Am 5.3.1896 beschlossen die städtischen Kollegien, dass der Teil der Heese „von dem Fuhsestege nach dem Lokomotivschuppen" einen eigenen Namen erhält. „Auf der Heese 5" hieß nun Brückenstraße 1, „das südlich hiervon belegene Fabrikgrundstück des Fabrikanten Harry Trüller" erhielt die Nr. 2. Und aus Auf der Heese 4 und 4a wurden Brückenstraße 3 und 4.

1899 wurden die Straße östlich der Fabrik nicht „Goethestraße", sondern nach einer Trüllerschen Kekssorte „Meteorstraße" benannt, und ihre Fortsetzung jenseits der Fuhse wurde zur „Uferstraße". Eine Verbindung entstand nicht, auch weil ein Teil der Meteorstraße dann zur Fabrik hinzukam.

Quellen: Stadtarchiv 8A30 und 30/112.

12.12 Beim Bombenangriff vom 8. April 1945 erhielt der Hauptfabrikkomplex „nur" wenige Treffer (Foto), während der Bereich um die Kistenfabrik in der Wiesenstraße stärker zerstört wurde. (Foto: Stadtarchiv, 1945)

„Iß immer düller, Zwieback von Trüller"

Georg Wilhelm Carl Harry Trüller (1868-1934) stammte aus einer Bäckerfamilie, die seit 1843 in Celle ansässig war. Er lernte – Prüfung 1885 – im väterlichen Geschäft in der Bahnhofstraße 11A (siehe Kapitel 3) und begann sein Geschäft 1891 in der Bäckerei Torplatz 2 bei der Allerbrücke. In diesem Jahr erhielt er ein Patent auf die von ihm erfundene Zwiebackschneidemachine.
1896 konnte die neue Fabrik an der Brückenstraße ihren Betrieb aufnehmen. 1898 wurde sie durch eine Keksfabrik erweitert, 1901 folgte eine Waffelfabrik und 1908 eine Schokoladenfabrik. Diese Entwicklung wurde auch im Fabrikgebäude deutlich (z.B. Bild 12.3), das aber bis in die 1920er Jahre ein relativ einheitliches Erscheinungsbild erhielt. Auf der anderen Seite der Wiesenstraße waren seit 1908 ein eigenes Elektrizitätswerk, sowie eine Kisten- und Fässerfabrik entstanden.

12.13 Blick in die Wiesenstraße von der Bahn aus: rechts der alte Lokschuppen und links die Fabrik mit der überdachten Brücke im Hintergrund, die zur Kistenfabrik und zum Fuhrpark führte. (Foto: Stadtarchiv, wohl 1930er Jahre)

12.14 Durch die Meteorstraße führte ein Bahngleis, das die Fabrik bediente und über eine Brücke die Gasanstalt versorgte. (Foto: Stadtarchiv, 1930er Jahre)

12.15 Das Ende einer langen Tradition: 1988 wurden die schon seit längerem leerstehenden Gebäude zwischen Brücken- und Wiesenstraße – die Fabrik schloss 1977 – abgerissen. (Foto: Enghausen, 1988)

1923 wurde das Unternehmen in eine Aktiengesellschaft umgewandelt. „Heute zählen die Trüllerwerke mit ihren weit über 30.000 Quadratmeter nutzbarer Bodenfläche in vier Geschossen zu den größten ihrer Art im Deutschen Reiche," heißt es zum 40-jährigen Firmengeburtstag. „Neben ungezählten, modernsten Maschinen und Oefen schaffen je nach der Jahreszeit bis zu 1.000 Paar fleißige Hände täglich an der Fertigstellung der überall bekannten und beliebten Zwieback-, Keks-, Waffel-, Schokoladen- und Pralinenerzeugnisse, und der tägliche Versand zählt nach Tausenden bahnmäßig oder postmäßig verpackter Kisten, Fässer oder Kartons" (CZ 1.10.1931). Mit dem heute noch bekannten Spruch „Iß immer düller, Zwieback von Trüller" warb man an der Fassade des 1924 eröffneten „Musterlagers" in der Westcellertorstraße 6a.

1934 starb der Firmengründer, der sich auch sehr für seine Heimatstadt eingesetzt hat. 1904 war er zum Bürgervorsteher gewählt worden, und ab 1910 war er über 25 Jahre als ehrenamtlicher Senator im Magistrat tätig. Als seine größte Leistung wird die Gründung der Celler Straßenbahn 1905 gesehen. 1930 wurde ihm der Ehrenbürgerbrief verliehen.

Das Unternehmen blieb noch lange Zeit mit der Familie Trüller verbunden. 1964 wurde es dann vom amerikanischen Konzern Nabisco übernommen. In diesem Rahmen kam es 1970 zur Fusion mit den XOX-Werken Kleve sowie damit auch verbunden zu einem Namenswechsel (CZ 14.4.1967, HP 30.5.1970). „Am 15. Juli ist bei XOX der Ofen aus," hieß es dann 1977 (CZ 25.6.1977).

Zwei Jahre später kam in den nun leeren Fabrikkomplex – nur das 1969 gebaute, noch heute stehende Verwaltungsgebäude wurde noch länger von verschiedenen Büros genutzt – noch einmal Leben: Vom 2.4. bis 23.5. wurden hier Teile der ZDF-Produktion „Ein Kapitel für sich" nach dem Roman von Walter Kempowski gedreht. Hier entstanden die Szenen aus dem Zuchthaus Bautzen 1948 (CZ 17.3.1979). 1988 wurde das Fabrikgebäude abgerissen (CM 22.9.1988).

Quellen: Hack, Celle die alte Herzogstadt, ArchiTektouren.

Die Fuhsestraße

13.1 – 13.2: Nur einen schmalen Weg bildete einst die Behrensgasse.
Bild 13.1. auf der vorigen Seite zeigt den einstigen Zugang von der Bahnhofstraße. (Postkarte vor 1892)
Als Zufahrt zum Güterbahnhof wurde um 1892 die breitere Fuhsestraße ganz neu angelegt. An ihrem nördlichen Ende nimmt sie einen Teil der alten Behrensgasse mit auf, durchschneidet dann mehrere Grundstücke der Kirchstraße – zwei Häuser mussten abgerissen werden – und führt anschließend über bisherige landwirtschaftliche Flächen. (Bild 13.2: Ausschnitt aus der „Karte über einen Theil der Gemarkungen Celle und Westercelle behufs Anlegung eines Zufahrtsweges zum neuen Güterbahnhof, angefertigt im Kgl. Katasteramt Lüneburg, 11.2.1891“ – Privatbesitz)

13.3 Geblieben von der alten Behrensgasse ist noch das kleine Stück, das in die Kirchstraße mündet. (Foto: Enghausen, 1990er Jahre)

Die neue Fuhsestraße

„Die Verlegung des Güterbahnhofes in das Westercellerfeld machte die Anlage einer Zufahrtsstraße dorthin erforderlich, über deren Lage große Meinungsverschiedenheiten herrschten. Die einen wollten sie in der Richtung der verlängerten Jägerstraße gelegt sehen, die anderen in der Richtung der Behrensgasse, die dritten von der Kirchstraße aus an der Marienstraße vorbei. Nachdem auch der Bezirksausschuss dieserhalb angerufen war, behielt schließlich die Behrensgasse-Partei (und für das Gesamtinteresse gewiß mit Recht) die Oberhand, zumal für dieses Projekt auch die Freunde der Jägerstraße durch den Beschluß, letztere diesseits der Fuhse an die Zufahrtstraße anzuschließen, gewonnen wurden." So beschrieb der städtische Verwaltungsbericht um 1900 die Entstehung der Fuhsestraße.

Am 1. Dezember 1892 wurde der neue Güterbahnhof an der heutigen Stelle in Betrieb genommen, und schon im Vorfeld hatte es Planungen für die Zufahrtsstraße in dem bisher unbebauten Feldland gegeben. Alle Lösungen hatten ihre Probleme, wie man aus dem Verwaltungsbericht weiter erfährt: „Um eine allenthalben 11 m breite Straße (Fahrbahn 7 m, jeder Fußsteig 2 m) herzustellen, mußte die Behrensgasse durch Niederlegung und Verkürzung mehrerer Häuser erweitert, die am westlichen Ende durch Gräflich Schwicheldt'sche Scheunenbauten versperrte Jägerstraße geöffnet werden, diesseits der Fuhsebrücke waren hohe Aufschüttungen erforderlich," und es musste außerdem eine Brücke über den Fluss gebaut werden.

Die „Straße nach dem neuen Güterbahnhofe" erhielt am 23.1.1893 den Namen „Fuhsestraße". Dazu gehörten dann vier Grundstücke der ehemaligen Behrensgasse, zwei der Kirchstraße sowie eine Reihe von noch unbebauten Grundstücken.

Quellen: 2. Verwaltungsbericht, Cassel Bd. 2, Stadtarchiv 8A30.

Die Behrensgasse

Die Behrensgasse als Verbindung von der Trift/Bahnhofstraße zur Kirchstraße ist unter

13.4 Etwas abseits der Fuhsestraße – beim Grundstück Nr. 35/36 – stand noch bis in die 1970er Jahre dies alte Stück Altenhäusen. (Foto: Enghausen, 1970er Jahre)

13.5 Auf demselben Grundstück befand sich auch das Haus der Fleischerei Aselmann, die Oskar Aselmann im Jahre 1907 in der Fuhsestraße gegründet hat. (Privatfoto: vor 1914)

13.6 Paul Wüsthoff als Leiter des Stecher'schen Filialgeschäftes vor dem Laden in der Fuhsestraße/Ecke Behrensgasse. (Privatfoto: Mitte 1950er Jahre)

13.7 An der Kreuzung Fuhsestraße/Schackstraße/Behrensgasse gab es zeitweise drei Lebensmittelgeschäfte gleichzeitig – und wenig entfernt an der Fuhsestraße zwei Schlachtereien. (Foto: Enghausen, 1970er Jahre)

13.8 Logo des Lebensmittelgeschäftes Stecher. (Nachdruck von dem Originalklischee der 1930er Jahre)

diesem Namen erst seit dem 19. Jahrhundert bekannt. Doch dieser schmale Weg ist schon auf einem der ältesten Stadtpläne (aus dem Jahr 1747) verzeichnet, und tatsächlich lebten in diesem Bereich im 18. Jahrhundert zwei Familien Behrens, auf die wohl der Straßenname zurückgeht: Am Ende des Jahrhunderts wohnte der Maurer Jürgen Behrens im damaligen Vorstadthaus Nr. 285 „Noch an der Trift" – also an der Bahnhofstraße – , und Johann Wilhelm Behrens lebte zwei Häuser weiter, Nr. 287, „In den Altenhäusern".

Es war jedoch ein eher unscheinbarer Weg, wie ein altes Foto vom Eingang zur Bahnhofstraße zeigt (Bild 13.1). Er endete – wie das heute noch verbliebene Reststück – gegenüber dem Haus Kirchstraße 13. Und daneben im Haus Nr. 14 sah Friedrich Lüchow dann auch 1888 gute Chancen für eine Gastwirtschaft: „Ferner ist im Allgemeinen in diesem Viertel ein bedeutender Verkehr merkbar geworden, wo die neue Gasanstalt, Celler Stuhlfabrik und die Hamburg Cigarrenfabrik fiel beitragen."

Es kam allerdings etwas anders, denn die neue Fuhsestraße nahm nur in ihrem ersten Teil zur Bahnhofstraße hin den alten Verlauf der Behrensgasse. Ab der Schackstraße ging sie eigene Wege – über zwei alte Wohngrundstücke der Kirchstraße direkt in Richtung Güterbahnhof (siehe Karte 13.2).

Quellen: Stadtarchiv 21 IX 431, 25H269 und 25H195; Karten.

„Einkaufszentrum" Fuhsestraße

So entwickelt sich an der neuen Fuhsestraße auch eine Art „Einkaufszentrum", aus dessen Blütezeit noch heute zwei Namen bekannt sind. 1928 übernahm der Kaufmann Friedrich Stecher (1877-1959, CZ 18.4.1959) das Geschäft Fuhsestraße 3A von dem Kaufmann Petters und betrieb in der Fuhsestraße bis etwa 1955 eine Filiale seines Hauptgeschäfts Hehlentorstraße 20. Und die Filiale lief gut: Die tägliche Kundenzahl schwankt zwischen 160 und 200 und „Tageskassen von 150-225 Mark sind keine Ausnahmen," berichtete er 1928 stolz (Bild 13.6).

Nicht weit entfernt lag die Fleischerei von Oskar Aselmann, gegründet 1907 in der Fuhsestraße 36 (Bild 13.5). 1940 übernahm der Sohn, ebenfalls mit dem Vornamen Oskar, das Geschäft. Er wurde 1947 Obermeister seiner Fleischerinnung und war von 1964 bis 1974 als Kreishandwerksmeister Sprecher aller Celler Innungen sowie eine Zeit auch Mitglied des Rates der Stadt. Mit seinen Fleischereierzeugnissen fand er sogar Anerkennung auf internationalen Ausstellungen, und er wurde auch zum Richter bei der Fleischwaren- und Feinkostprüfung der Deutschen Landwirtschafts Gesellschaft in Frankfurt berufen (CZ 19.10.1957).

Quellen: Stadtarchiv 25H195, 7. Verwaltungsbericht.

Die Gründung der Städtischen Gasanstalt

Schon bevor der Güterbahnhof kam, sorgte eine andere Neuerung für einen Aufschwung in Altenhäusen: 1887 wurde die Städtische Gasanstalt eröffnet. „Marienstraße 1" lautete ihre Adresse 1898 und das „Burreau der Gasanstalt" wurde 1897 in Form eines Wohnhauses in der Fuhsestraße errichtet (CZ 29.10.1955 – Bild 13.14).

Die Gasversorgung in Celle war ursprünglich durch privatwirtschaftliche Unternehmen betrieben worden. 1857 hatte die Firma

13.9 Der Neuenhäuser Pastor Wilhelm Voigt (links) beim Geburtstagsbesuch im Haus von Carl Brenne senior. (Familienfoto: 1950er Jahre)

13.10 Zeichen für das schnelle Aufstreben der Fuhsestraße: Das Haus Nr. 32c wurde 1912/13 als Gastwirtschaft (Harms) errichtet. Anfang der 1920er Jahre übernahm es die Mineralölhandlung Brenne. (Foto: Enghausen, um 1990)

13.11 Aus dem Haus Fuhsestraße 32c machte Carl Brenne am Morgen nach dem Bombenangriff vom 8.4.1945 mehrere Aufnahmen von den Schäden in Neuenhäusen. Der Blick hier geht Richtung Westen zur Neustädter Kirche. Links der Schornstein der Firma Betz, davor die „leere" Fläche zeigt die Stelle eines Bunkers, der einen Volltreffer erhielt und in dem wohl mehr als 20 Bewohner der Kirchstraße umkamen. Rechts die Kirchstraße, dahinter (rechts) die Bahnhofstraße. (Zwei Fotos aneinandergesetzt, das dritte siehe Bild 13.15 – Aufnahme Carl Brenne 1945)

„Hack & Bruns" damit begonnen (siehe Kapitel 4). Am 18. September 1872 verkaufte diese ihr Unternehmen mit der Produktionsanlage Ecke Trift/Arndstraße an die „Allgemeine Gasaktiengesellschaft zu Magdeburg" (CZ 8.11.1957). Mit deren Leistungen war man, wie Clemens Cassel berichtet, in Celle jedoch nicht zufrieden, so dass die städtischen Kollegien 1885 den zum 1.5.1887 auslaufenden Konzessionsvertrag fristgerecht kündigten.
Unter der Leitung des Celler Bürgermeister Otto Hattendorf – der übrigens eine Zeit in Neuenhäusen wohnte (Ohagenstraße 8/9) – wurde daraufhin 1886 eine „Gasanstaltskommission" gebildet, der unter anderem aus Neuenhäusen der Mühlenpächter und Bürgerworthalter – heute würde man sagen: Stadtratsvorsitzende – Julius Töpfer (Mühlenstraße) sowie der Mechaniker Georg Westphal angehörten. Da es zu keiner Einigung mit der „Gasaktiengesellschaft" kam, musste

man eine neue Gasanlage bauen, die dann vom Frühjahr 1886 bis zum Sommer 1887 an der Marienstraße errichtet wurde. Und auf diese Weise gab es bis 1889 zwei Gasanstalten in Celle sowie einen heftigen Konkurrenzkampf, bis dann die Stadt auch die Anlage an der Arndstraße erwarb und stilllegte.

Und die Marktentwicklung verlief positiv. „War die ursprüngliche Anlage nur für eine Höchstproduktion von täglich 3.000 cbm berechnet, so stellte sich bald heraus, daß die gesamten Einrichtungen nach und nach erneuert und vergrößert werden mußten, um den gesteigerten Ansprüchen zu genügen," heißt es im Rückblick 1901. Bis zum Jahre 1900 wurde die Anlage deshalb auf eine Tageshöchstproduktion von 10.000 Kubikmetern ausgebaut und das Rohrleitungsnetz in der Stadt um 5.556 laufende Meter auf 28.584 Kilometer erweitert.

Verändert hatte sich auch die Gasnutzung. Die Straßenbeleuchtung stand lange Zeit im Mittelpunkt. Dies zeigt auch der Vertrag, den die Stadt Celle und die Gemeinde Neuenhäusen am 18.5.1857 mit dem Gasfabrikanten Franz Friedrich Hack und dem Techniker Wilhelm Bruns schlossen. In der Stadt – heutige Innenstadt – sollte in allen Straßen „eine Erleuchtung mittels Steinkohlengas und Rohrleitung" geschaffen werden, in Neuenhäusen „an beiden Seiten der Trift (also die heutige Trift und die Bahnhofstraße – A.d.V.), an der Hannoverschen Heerstraße bis zur sogenannten Schwedenbrücke und an der Breitenstraße."

Noch 1890 machte das „Leuchtgas" mehr als drei viertel der Abgabe des städtischen Gaswerks aus. Mit einer Abgabe von 681.215 Kubikmetern war dies 1899/1900 gegenüber 1890/91 leicht rückläufig – sehr stark aufgeholt hatten dagegen nun „Koch- und Heizgas" sowie (für gewerbliche Unternehmen) „Motorengas", die zusammen damals schon fast an die Leuchtgasmenge herankamen (618.729 Kubikmeter). Bis 1970 gab es noch Gaslaternen in Celle, auch wenn sie zahlenmäßig seit 1961 von elektrischen Straßenlaternen übertroffen wurden.

Quellen: Cassel Bd. 2, 100 Jahre Gasversorgung, 100 Jahre Gas in Celle, 2. und 7. Verwaltungsbericht, Stadtarchiv 23M122.

13.12 1986 wurde in der Fuhsestraße das „Gertrud-Kock-Haus" eingeweiht, das die Tradition des Kindergartens Breite Straße fortführt. (Foto: Enghausen, um 1990)

13.13 Für den Neubau des Kindergartens an der Fuhsestraße wurde 1984 auch dieses Haus aus der „Gründerzeit" der Straße abgerissen. (Privatfoto, 1980er Jahre)

13.14 Das alte Verwaltungsgebäude der Stadtwerke erhielt um 1938 als Eingang eine Drehtür – die Sensation auch für die Kinder. (Foto: Stadtarchiv, um 1955)

13.15 Carl Brenne fotografierte von seinem Haus am 9.4.1945 auch die Zerstörungen auf dem Stadtwerksgelände – der Blick geht über die Marienstraße auf die Gaserzeugungsöfen. (Foto: Carl Brenne, 1945)

Die Entwicklung der Stadtwerke

Schon früh war der Bau eines Verwaltungsgebäudes notwendig geworden, das 1897/98 an der Fuhsestraße 32 (so wäre die heutige Nummerierung) errichtet wurde (CZ 29.10.1955 – Bild 13.14). Der Direktor Emil Müller (Direktor 1909-1933) leitete von hier aus seit 1911 als „Städtische Betriebsverwaltung" neben dem Gaswerk auch das Wasserwerk, das Kanalisationswesen, das Tiefbauamt sowie zwei Nebenbetriebe. 1943 wurde dann auch die Stromversorgung der Stadt in die „Städtischen Werke Celle" (Bezeichnung seit 1.1.1934) einbezogen.

Fünf Jahre zuvor war dieser Aufgabenbereich aufgrund neuer gesetzlicher Bestimmungen aus der Stadtverwaltung ausgegliedert worden und zu einem städtischen Regiebetrieb geworden. Eine grundlegende Veränderung gab es im Jahre 2001, als sich die Versorgungsbetriebe Celle und die Stromversorgung Osthannover GmbH zur neuen Gesellschaft SVO Energie GmbH zusammenschlossen.

Erhalten in seiner Funktion blieb dabei das Verwaltungsgebäude in der Fuhsestraße 30. Dieser Neubau hatte 1955 das alte, viel zu klein gewordene Haus aus dem Jahre 1897/98 abgelöst, das zudem durch den Bombenangriff 1945 beschädigt worden war. Mit dem Neubau kamen auch die Ausstellungsräume und die Lehrküche, die sich bis dahin in der Westcellertorstraße befanden, in die Fuhsestraße.

Bei dem Bombenangriff wurden am 8.4.1945 rund 80 Prozent des Gaswerkes zerstört (CZ 9.4.1955, Bild 13.15). Der Wiederaufbau hatte absolute Priorität, und wurde – nicht ohne Widerstand der dortigen Bewohner – mit einer Erweiterung des Werksgeländes bis zur Kirchstraße hin verbunden. Tatsächlich konnte am 15.11.1945 zumindest für wenige Stunden täglich wieder Gas abgegeben werden. Schon im Juni 1945 konnte ein 20.000 Kubikmeter fassender Gasbehälter erworben werden, der 1948 in Betrieb genommen wurde und den wiederhergestellten, 12.000 Kubikmeter fassenden zweiten Gasbehälter ergänzte.

Bis 1962 wurde auf dem Gelände an der Fuhsestraße Gas produziert – zuletzt 13 Millionen Kubikmeter im Jahr –, dann wurden die Öfen ausgemacht und der Schieber für die Ferngasleitung aus Salzgitter geöffnet (CZ 4.10.1962). 1971 erfolgte dann der Umstieg auf das heutige Erdgas.

Quellen: 6. und 7. Verwaltungsbericht.

Arbeitsamt und Staatliches Hochbauamt

Zu den ersten Aufträgen des Architekten Otto Haeslers in Celle gehörte auf der gegenüberliegenden Seite der Fuhsestraße (Nr. 9a) das Wohnhaus der Familie Danz. Es stand 1907/08 noch ganz im Zeichen des Jugendstils. Ein Beispiel dann für das „Neue Bauen“ der 1920er Jahre entstand wenig entfernt an der Fuhse im Jahre 1931: das ehemalige Arbeitsamt, das unter der Regie von Stadtbaurat Mohr und Stadtbaumeister Wilkens errichtet wurde (CZ 21.4.1931).
Nachdem schon seit 1918 in der Rundestraße ein lokaler Arbeitsnachweis bestand, wurde der 1922 gesetzlich geforderte Arbeitsnachweis in Celle zunächst im Haus Bahnhofstraße 1 eingerichtet. Sitz des ersten richtigen Arbeitsamt für die Kreise Celle und Gifhorn sowie die Stadt Celle wurde dann 1928 das Haus Mühlenstraße 1. Doch schon bald wurde der Neubau geplant, der 1931 in der Fuhsestraße 11 bezogen werden konnte. „Der Blick der Ankommenden wird unwillkürlich zunächst auf den Haupteingang gelenkt, der zur Vermittlung für männliche Arbeitskräfte, zur Versicherung und zur Kasse führt,“ nennt ein Zeitungsartikel

13.16 In den Wiederaufbau der Stadtwerke nach 1945 flossen auch Gelder aus dem „Marshall-Plan“. (Privatfoto: um 1950)

13.17 Die beiden großen Gasometer beherrschten noch bis in die 1990er Jahre das Betriebsgelände der Stadtwerke. (Foto: Stadtarchiv, wohl 1950er Jahre)

13.18 Als Zufahrt zum neuen Güterbahnhof wurde 1892 diese Fuhsebrücke gebaut, die auch die Kriege überstand. Wegen der gestiegenen Belastungen wurde sie 1956 durch die heutige Brücke ersetzt. (Foto: Seinecke, um 1955)

13.19 1931 wurde im Stil des „Neuen Bauens" für das Arbeitsamt ein Gebäude an der Fuhsebrücke errichtet. (Postkarte, um 1931)

13.20 Um 1939 wurde das Arbeitsamtsgebäude erweitert und im Stile der Zeit so umgebaut, dass es seinen ursprünglichen Charakter verlor. Das Arbeitsamt nutzte das Haus noch bis 1968. (Foto: Enghausen, 1980er Jahre)

(CZ 21.4.1931) die damaligen Aufgaben des Amtes – unter anderem gab es für Männer und Frauen unterschiedliche Eingänge. (Bild 13.19)
1939 bis 1941 wurde beim Um- und Erweiterungsbau die moderne Formensprache des Gebäudes (Flachdach, große Fenster) beseitigt (Bild 13.20). Das Arbeitsamt blieb hier, bis 1968 der Neubau am Lauensteinplatz eröffnet wurde (CZ 24.8.1967) – 1989 erfolgte dann der Umzug in die Georg-Wilhelm-Straße nördlich der Aller (CZ 4.11.1989). Das Gebäude in der Fuhsestraße ist seit 1968 Sitz des Staatshochbauamtes.
Quellen: ArchiTektouren, 6. und 7. Verwaltungsbericht.

Die Fuhsebrücke

Am 9.7.1892 wurde der Grundstein für eine Fuhsebrücke gelegt, die die Zufahrt zum neuen Güterbahnhof ermöglichte (CZ 19.12.1956). Da die übergeordneten Behörden darauf bestanden, dass der Wasserdurchlass auch einem Jahrhunderthochwasser gewachsen sei, musste sie mit 72 Metern sehr lang sein. Die Gitterträgerbrücke bestand aus drei je 18 Meter langen Teilstücken, die auf drei Strompfeilern ruhten. Besonders Lastwagen verursachten hier Erschütterungen, die auch zu Schäden an benachbarten Häusern (z.B. 1934 am Arbeitsamt) führten. Zeitweise galt hier „Schritt fahren". 1956 wurde sie neu gebaut (CZ 19.12.1956).
Quellen: 2. und 7. Verwaltungsbericht, Stadtarchiv 30/94

Güterbahnhof-/ Itagstraße

14.3 An der Gabelung Kronestraße/Itagstraße baute Mitte der 1930er Jahre die Bäckerei Sarnow. (Aquarell Johannes Fleck 1948, Privatbesitz, Foto: Enghausen)

14.5 1935 wurde der Grundstein für die Verwaltungsgebäude der ITAG gelegt, die noch heute das Straßenbild prägen. (Privatfoto, vor 1983)

Bilder auf der vorigen Seite: 14.1 Postkarte mit (rechts) der wohl ältesten Darstellung des Güterbahnhofs. Zwischen den Masten rechts verläuft das 1906 eingerichtete Anschlussgleis zur Trüller-Fabrik. Ganz rechts erkennt man die Gastwirtschaft „Thiele" – heute Itagstraße 21-25 –, die das linke Bild zeigt. (Postkarte zwischen 1906 und 1909). 14.2 Blick auf die heutige Borsigstraße. (Luftbild: Genannt, 1956)

14.4 Die Gabelung Kronestraße/Itagstraße in den 1990er-Jahren. (Foto: Enghausen)

Der Weg zum Güterbahnhof

Die Güterabfertigung befand sich in Celle zunächst gegenüber dem Personenbahnhof auf der Neustädter Seite, wo es keine Ausdehungsmöglichkeiten gab und wo zugleich der Personenverkehr zusätzlichen Platz benötigte. 1890 wurde in einem Vertrag zwischen der Stadt Celle und der Königlichen Eisenbahn-Direktion Hannover der Weg zur Verlegung geebnet. Die Stadt wollte danach mit 85.000 Mark staatlichem Zuschuss die Zufahrtsstraße bauen, und die Eisenbahn wollte für den Straßenzug Neustadt/Bahnhofstraße eine Eisenbahnunterführung (Bild 2.2) schaffen.
Der neue Güterbahnhof wurde 1892 im sogenannten „Westerceller Feld" eröffnet – er gehörte damals noch zu Westercelle – genauso wie die heutige Itagstraße: „Westercelle Nr. 143" war demzufolge die Adresse der Stuhlfabrik Mundhenke, Nr. 157 die der Stellmacherei A. Striepe, Nr. 156 die der Schmiede H. Striepe, Nr. 128 die von Gastwirt Knoops Erben, Nr. 136 die vom Fuhrwerksbesitzer E. Striepe und Nr. 129 die

des Fuhrwerksbesitzers H. Köneke – als dieser Bereich um 1900 zum Stadtgebiet kam, wurden daraus (in derselben Reihenfolge) die Hausnummern Fuhsestraße 13-15, 16, 17, 18, 19 und 21 (Bekanntmachung 7.7.1900). Und als 1926 der Teil von der Fuhsebrücke bis zum Güterbahnhof zur eigenständigen „Güterbahnhofstraße“ wurde, wurden daraus (in derselben Reihenfolge ohne die inzwischen hinzugekommenen Häuser) die Hausnummern 5-15 (nun Rautenkranz), 17 und 19 (Schmiedemeister Hermann Striepe), 21-25 (Gastwirt Knoop), 30 (Stadt Celle) und 22 (Fuhrwerksbesitzer Heinrich Köneke). Seit 1968 heißt die Straße nach ihrem bedeutendsten Unternehmen Itagstraße.

Quellen: 1. Verwaltungsbericht, Cassel Bd.2, Stadtarchiv 30/64, 30/234, Adressbücher.

Hermann von Rautenkranz und die ITAG

„Wir sind in dem neuen, nach den modernsten Anforderungen gebauten Verwaltungsgebäude der Itag an der Güterbahnhofstraße beschäftigt,“ schrieben die ITAG-Angestellten am 1937 selbstbewusst an die Stadt und forderten, dass endlich die staubige Straße vor ihren Fenstern durch ein neues Pflaster diesem Niveau angepasst werde. 1935 war der Grundstein für den heute noch das Straßenbild prägenden Bürotrakt gelegt worden (Bild 14.5) – Ausdruck für die anhaltend positive Firmenentwicklung.

Die 1912 (Vorläufer seit 1908) von Hermann von Rautenkranz (1883-1973) gegründete „Internationale Tiefbohr Gesellschaft“ (abgekürzt ITAG) hatte zunächst seit 1913 eine Werkstatt an der heutigen Hafenstraße, die dann 1920 in „die geräumigeren Hallen“ einer alten Stuhlfabrik beim Güterbahnhof umzog. Dort hatte man Platz, um neben dem eigenen Bohrgeschäft (siehe HP 31.7.1954) auch Lieferant der Bohr- und Förderindustrie mit beachtlichen Programm zu werden.

1945 – auch die Fabrik war von den Bomben am 8.4.1945 stark getroffen – musste man noch einmal von vorn anfangen. Mit Stubbenspaltmaschinen, einer Kreissäge und einer Stubbenrodewinde suchte man neue Märkte. Bald war aber wieder das Bohr-

14.6 1920 verlegte Hermann Rautenkranz seinen Betrieb von der Hafenstraße zum heutigen Standort. (Privatfoto)

14.7 In den neuen Räumen, die er von der Stuhlfabrik Mundhenke (ca. 1896 bis ca. 1920) übernahm, hatte Rautenkranz Platz, sein Angebot für die Bohr- und Förderindustrie zu erweitern. (Privatfoto, wohl vor 1961)

14.8 Vor den beiden Gaststätten am Güterbahnhof – hier „Thiele" – befanden sich einst Waagen für Fuhrwerke. (Aufnahme 1902-09, Sammlung Steinbömer)

14.9 Mit zu den ältesten Betrieben am Güterbahnhof gehörte die Spedition Köneke – im Bild zwei Möbelwagen, die für weitere Umzüge auf Güterwagen geladen werden konnten. (Foto: Anfang 20. Jahrhundert, Sammlung Steinbömer)

Know-How gefragt, die Firma expandierte und entwickelte neue Märkte. 1983 beschäftigte man insgesamt 650 Mitarbeiter, das Firmenareal war auf 76.000 Quadratmeter gewachsen und man hatte seit 1908 an den verschiedensten Stellen zusammengerechnet über 1 Million Meter abgeteuft. Als „Unternehmerpersönlichkeit, die nicht nur der Erdölindustrie im allgemeinen, sondern vor allem der Wirtschaft seiner engeren Heimat über viele Jahrzehnte kräftige Impulse gegeben hat," wurde Hermann von Rautenkranz 1973 Ehrenbürger von Celle (CZ 13.11.1973, 7.8.1993).

Zu den imposantesten Projekten, an denen die ITAG beteiligt war, gehörte 1990 die zehn Kilometer tiefe, wissenschaftliche Bohrung in der Oberpfalz (CZ 11.5.1990). Im Laufe ihrer Geschichte hatte die Firma aber auch mehrmals wirtschaftliche Probleme zu bewältigen. Zuletzt erhielt sie durch die Gulf Drilling & Production Services eine neue Perspektive (CZ 19. 1. 2002, CK 20. 1. 2002).

Quellen: Stadtarchiv 30/234, ITAG 1908-1983.

Speditionen und Fuhrwerksbesitzer

Die Grundstücke Itagstraße 21/22 gehören zu den ältesten bebauten Arealen am Güterbahnhof: Um 1890 erwarb hier der Rollfuhrwerksbesitzer Heinrich Köneke seinen Firmensitz (Bild 14.9). Gegründet hat er die Firma schon 1873, heißt es in einem Verzeichnis von 1946/47 – als Gründungsjahr gilt aber 1871 (CZ 1.4.1971, 14.8.1996).

Insgesamt 40 Celler Fuhrunternehmen mit Lkws nennt diese Liste von 1946/47 – und 29 Fuhrunternehmen mit Pferdegespannen: Köneke findet sich in beiden Listen. Fast alle Firmen sind jünger, nur die von Emil Klatte (1946/47 in der Steffenstraße – gegründet 1882) konnte auf ein ähnliches Alter verweisen. Nicht genannt ist jedoch Peter Wesch, der seit 1891 in der Marienstraße 7 tätig war: 1945 wurde sein Firmengründstück durch Bomben zerstört.

Quellen: Stadtarchiv 25H195, 25I54, 24Q52, 7. Verwaltungsbericht.

14.10 Ein früher alltägliches Bild: Fünf Celler Spediteure an der Stückguthalle des Güterbahnhofes. Das Gebäude wurde im April 1945 schwer beschädigt, dann an seiner bisherigen Stelle wieder aufgebaut. (Privatfoto 1930er Jahre)
14.11 Südlich des Güterbahnhofs am Eingang der Windmühlenstraße befand sich die Gastwirtschaft „Drei Linden", zuletzt geführt von Jacob Buschheuer. (Postkarte wohl Anfang der 1920er Jahre)

Der Güterbahnhof

Die um 1890 neu eingerichtete Zufahrtsstraße führte südlich der Fuhsebrücke ursprünglich noch über Feldland „auf die nordöstliche Ecke des neuen Güterbahnhofterrains zu, woselbst stadtseitig ein ca. 780 qm großer Wendeplatz hat angelegt werden müssen," heißt es 1893. Erst später wurde die Durchfahrt zur Windmühlenstraße, deren Ausbau sich verzögerte, hergestellt. Der Platz ist noch auf dem Stadtplan von 1898 zu sehen, später wurde er in die Gleisanlagen – zum Beispiel den Anschluss von Trüller – miteinbezogen. Das Gelände dieses Wendeplatzes hatte die Stadt von einem Grundstück des Fabrikanten Berkefeld bekommen können. Denn das Gebiet war durch die Anlage des Güterbahnhofes – Eröffnung 1892 – für Industrie und Gewerbe sehr interessant geworden.

14.12 Blick in die heutige Borsigstraße mit der Stuhlfabrik Krumwiede (links) und dem Wasserturm des Güterbahnhofs (rechts). (Postkarte, wohl 1920er Jahre)

14.13 Blick über den ehemaligen Waack'schen Zimmerplatz in der heutigen Borsigstraße nach Norden auf die Stuhlfabrik Krumwiede, wo sich heute ein Baustoffhandel befindet. (Privatfoto, vor 1945)

14.14 Ecke Itag-/Windmühlenstraße befand sich bis 1945 die Viehhandlung Leffler. (Anzeige im Adressbuch 1919)

Berkefeld siedelte sich hier zwar nicht an und blieb in der Wittinger Straße, aber andere Fabriken entwickelten sich hier. Und mit der Firma Christian Leffler war seit Ende des 19. Jahrhunderts dort auch ein Viehhandelsunternehmen ansässig.
1927 wurden hier beispielsweise 457.449 Tonnen Güter sowie 3.184 Stück Großvieh und 57.284 Stück Kleinvieh abgefertigt. Im Mittelpunkt stand dabei der Güterschuppen (Bild 14.1 und 14.10), der sich noch heute an derselben Stelle befindet. Nachdem das alte Gebäude jedoch bei einem Bombenangriff am 22.2.1945 zur Hälfte zerstört worden war, wurde es beim Bombenangriff vom 8.4.1945 vollkommen vernichtet. Erst 1951 konnte ein neuerrichteter Güterschuppen in Betrieb genommen werden.
Dies ist aber auch schon die Zeit, in der sich die Güterverkehrsströme langsam verlagern und damit wandelte sich auch der Betrieb der Güterabfertigung (CZ 7.12.1995). Zugleich wurden nun die Züge immer länger und dementsprechend mussten auf dem Celler Bahnhof die Bahnsteige verlängert werden. Bis 1963 wurde deshalb das Gleisgelände des Bahnhofs nach Süden erweitert und rationalisiert. Nach der Elektrifizierung der Bahnstrecke (1965) wurden bis 1978 alle Dampfloks ausgemustert: So wurde das Bahnbetriebswerk an der Heeseunterführung, das hauptsächlich der Wartung der Dampfloks diente, entbehrlich. 1979 wurde der große Lokschuppen und die Drehscheibe abgerissen – und ist seitdem ein Parkplatz.

Quellen: 6. und 7. Verwaltungsbericht, Stadtarchiv 24Q183.

Kronestraße und Alte Grenze

15.2 Auf dem Eckgrundstück Krone-/Windmühlenstraße errichtete die Firma Maussner 1928 ein Werkstattgebäude. (Firmenfoto 1937)

15.3 1950 erwarb die Edeka, die schon seit Mitte der 1930er Jahre in der Kronestraße ansässig war, das Eckgrundstück und nutzte es bis Mitte der 1960er Jahre als Fuhrpark für die Lastkraftwagen. (Privatfoto vor 1965)

Bild auf der vorigen Seite: 15.1 Blick aus dem 1958 fertiggestellten Mobil-Oil-Hochhaus nach Norden. Links ist die Kronestraße mit den Anfang des 20. Jahrhunderts errichteten Häusern des Bau- und Sparvereins zu sehen, rechts die Hornbostelstraße mit den in den 1930er Jahren von der Berliner Wohnbau GmbH errichteten Wohnhäusern. (Privatfoto um 1960)

15.4 Am 8. April 1945 wurde auch die Maussnersche Werkstatt zerstört. (Privatfoto 1945)

Die Alte Grenze zu Westercelle

Die Stadt Celle beschränkte sich ursprünglich auf das Gebiet der heutigen Innenstadt. 1869 war dann durch die Vereinigung mit den Vorstädten auch Neuenhäusen dazu gekommen. Zum 1. April 1899 erfolgte eine weitere bedeutende Erweiterung, die Celle schon seit der Verlegung der Güterbahnhofs anstrebte. „Hierdurch gelangte ein Gebiet von 145,0238 Hektar mit damals 318 Einwohnern an die Stadt, deren Grenze sich damit im Süden bis an den sogenannten Waldheimweg zu beiden Seiten der Eisenbahn hinausschob, westlich der Bahn die ganze Heese umfasste und östlich bis an die Hannoversche Chaussee heranreichte," heißt es im zeitgenössischen Verwaltungsbericht.
Danach endete zuvor das Stadtgebiet etwas südlich der Fuhse. Die Grenze bildete ein „vom Landgestüt in vielfachen Krümmungen nach der Fuhse-Fluthbrücke im Eisenbahnkörper sich hinziehender Koppelweg," der in begradigter Form heute noch den

15.5 1926 verlegte Emil Ruhrmann seinen Betrieb in die Kronestraße. (Foto: Enghausen, 2000)

Namen „Alte Grenze" trägt. Im Zusammenhang mit dem Güterbahnhofsbau wurde der Weg gemeinsam von Celle und Westercelle zur Straße ausgebaut.
Wo aber genau die Grenze zwischen Westercelle und Celle vorher lag, das war gar nicht so klar. 1881 hatte man zum Beispiel überrascht festgestellt, das der „Grackhorst" zu keiner Kommune gehörte. Dies ist das Gebiet, auf dem später die Trüllerfabrik entstand. „In Rücksicht auf die Belegenheit des Grundstücks, auf die Verkehrsverhältnisse der auf demselbst erbauten Wohn- und Fabrik-Gebäude und deren fast eine halbe Stunde betragende Entfernung von Westercelle," schlug ein Gutachten vom 6.7.1881 – also vor dem Bau der Trüllerfabrik – dies Gebiet der Stadt zu. Ähnliches sagte es über die zwischen 1860 und 1866 errichteten Wohnwesen auf der sogenannten „Schafhorst" an der Landgestütstraße (heute im Bereich der Hausnummern 13 bis 19).
Häuser waren in diesem Gebiet außer zur Hannoverschen Straße hin kaum vorhanden. So wird 1881 folgendes Bild für Grenzverlauf zwischen Hannoverscher Heerstraße und Eisenbahn gegeben: Vom Kasernengelände östlich der Straße geht es die Hannoversche Straße in südwestlicher Richtung „bis an die südöstliche Ecke des Gartens des Stallbedienten Meyer, hinter diesem und dem Mejer'schen Garten westlich herum bis an die Krohne'sche Koppel in der Bultwiese, dieser südlich entlang bis an den Weg durch

15.6 Firmengründer Emil Ruhrmann präsentiert eine besondere Arbeit seiner Firma: eine neulackierte, historische Kutsche. (Foto: Ruhrmann, um 1950)

15.7 Zu den ältesten Betrieben in der Kronestraße gehörte die 1902 gegründete Maschinenfabrik Gebhard Hasselmann, die mit ihren Straßenbaumaschinen auch auf großen Messen vertreten war. (Einladungskarte 1934, Sammlung Steinbömer)

15.8 Blick über die Trüller-Fabrik und die Kronestraße auf die noch dahinter liegenden Äcker mit vereinzelten Fabrikgebäuden – Knopffabrik Seinecke links, Maschinenfabrik Schäfer Mitte. (Luftbild um 1930)

15.9 Firmengründer Adolf Seinecke mit seinem Hund „Wiskey". (Privatfoto Mitte der 1930er Jahre)

die Bultwiese, diesem in nördlicher Richtung folgend bis dahin, wo westlich die Rehwinkel'sche und Thies'sche Koppel zusammen den Weg berühren, weiter zwischen diesen beiden Koppeln in westlicher Richtung bis gegen Stellmeisters Kamp, von da den Weg entlang bis zur Eisenbahn-Flutbrücke, ..."

Deutlich wird hier, dass auch schon früher Wege vorhanden waren, wie es eine Westerceller Flurkarte von 1853/54 im Stadtarchiv zeigt (Signatur: R54). Die meisten heutigen Straßen haben damit aber allenfalls entfernt etwas zu tun.

Quellen: 2. Verwaltungsbericht, Cassel Bd.2, Stadtarchiv 24Q82.

Proviantamt und STOV

„Da bekanntlich das bislang geplante Proviantamt am Westercellergrenzweg höheren Orts jetzt verwirklicht werden soll, sowie der neue Straßendurchbruch oberhalb der Brücke in die Fuhsestraße einlaufend auch in nächste Zeit begonnen wird," sah der Bauunternehmer Franz Krüger 1899 optimale Bedingungen für eine Gastwirtschaft im Eckhaus Fuhsestraße/Wiesenstraße. Eine Schankkonzession erhielt er zwar nicht, aber sein Brief weist auf den Bauboom in diesem Bereich damals hin.

So war 1903 (CZ 14.1.1963) an der Alten Grenze das Proviantamt entstanden. Als Versorgungseinrichtung der Celler Kasernen machte es nur selten von sich reden. Nach dem Ersten Weltkrieg, als das deutsche Militär deutlich reduziert wurde, konnten hier von 1919 bis 1927 die Celler Isolierwerke GmbH eine Zeit arbeiten. 1929 musste die Feuerwehr hier einen Großbrand löschen. Und 1945, unmittelbar nach dem Krieg kamen viele Celler hierher (und in die Trüllerfabrik), um sich gewissermaßen durch „Plündern" mit Lebensmitteln zu versorgen.

„Büros und Lagerräume jetzt in der Heeresfeldbäckerei," hieß es dann 1990, als hier für die Standortverwaltung neu gebaut wurde (CZ 21.2.1990 und 12.3.1991). Bei der Umorganisation der Bundeswehr verlor Celle jedoch schon 1997 seine Standortverwaltung (CZ 17.9.1997). Als „Kleiderkammer" nutzte die Bundeswehr das Gelände noch weiter – wie lange ist fraglich.

Quellen: Stadtarchiv 25H199, Moeck, Feuerwehr, Celle '45.

Knopffabrik Seinecke

Auf der anderen Straßenseite, Alte Grenze 31, entstand 1924 die „Celler Knopffabrik Seinecke". Ihr Gründer, der gelernte Schlosser Adolf Seinecke († 1952), hatte sich schon 1921 mit der „Niedersächsischen Knopffabrik" selbständig gemacht, war dort dann aber ausgestiegen, um noch einmal von vorn anzufangen (CZ 5.4.1934). Mit seinen beiden Schwagern Gustav und Otto Wolf sowie rund 20 Arbeitnehmern startete er an der Alten Grenze 1924 neu – zehn Jahre später hatte er schon 336 Beschäftigte. „Es ist dabei bezeichnend für die persönliche

Einsatzfreudigkeit und den Arbeitswillen Adolf Seineckes, daß er sich nicht scheute, selbst am Färbebottich, an der Drehbank oder an der Graviermaschine zu stehen und die Arbeiter praktisch einzuweisen," heißt es in einem Zeitungsartikel (HP 22.8.1953). Dies persönliche Engagement brachte die Firma auch durch die schweren Kriegszeiten. Bereits 1949 war es auf der großen Exportmesse in Hannover wieder vertreten (HP 14.4.1949).

Quellen: Moeck.

Straßen- und Strickmaschinen

Auch ein zweiter Betrieb aus der Alten Grenze (Nr. 8) war 1949 auf dieser Hannover-Messe vertreten: Die „Strickwarenfabrik Joachim Mertsching & Co GmbH" (HP 14.4.1949). Mertsching stammte aus Schlesien und begann zusammen mit Thüringer Textilfachleuten nach dem Krieg in Celle neu. Mit Strickmaschinen aus der benachbarten Fabrik Hasselmann baute er eine Fabrik auf, die 1950 immerhin 140 Beschäftigte hatte (CZ 1.12.1950). In der Innenstadt unterhielt die Firma ein Verkaufsgeschäft, das noch länger bestand.
In der Kronestraße 31 hatte Gebhardt Hasselmann 1902 (Anzeige 1920er Jahre) eine Fabrik mit Eisengießerei gegründet, deren Spezialität zunächst Maschinen und Werkzeuge für Tiefbohrungen waren (Briefkopf 1909). In den 1920er Jahren änderte sich der Schwerpunkt. Insbesondere kamen Dampfwalzen für den Straßenbau hinzu. Daneben wurden aber auch immer „grob- und feinmechanische Apparate" hergestellt (CZ 1.12.1950). Die Firma bestand bis 1982.

Quellen: Stadtarchiv 25H531 und 583, Celle die alte Herzogstadt, Moeck.

Ein überraschendes Erbe

Die Kronestraße gehörte zu den ersten Straßen im Westceller Feld, mit denen durch die Stadt Celle das Gebiet weiter aufgeschlossen wurde. Ihren Namen erhielt sie 1899 „zur Erinnerung an die Krone'sche Erbschaft." Heinrich Hermann Krone war 1832 als uneheliches Kind eines Bedienten

15.10 Ursprünglich beschränkte sich die Knopffabrik auf den Bau im Vordergrund, später wurde sie mehrmals erweitert. (Foto: Seinecke, um 1930)

15.11 Blick in die Produktionshalle an der Alten Grenze – zeitweise arbeiteten über 300 Beschäftigte in der 1924 gegründeten „Celler Knopffabrik". (Foto: Seinecke, wohl um 1950)

15.12 *Wo sich in der Anfangszeit (Bild 15.10) noch Sandgruben befanden, legte Adolf Seinecke später einen Park an. (Foto: Seinecke, 1930er Jahre)*

15.13 *Der Park – hier noch größer geworden – wurde auch für den Betriebssport der Knopffabrik genutzt. Im Hintergrund sind die Lagergebäude der Heeresproviantanstalt an der Alten Grenze zu sehen. (Foto: Seinecke, wohl 1940er Jahre)*

15.14 *Auf dem Gelände des ehemaligen Proviantamtes entstand 1990 ein Neubau für die Standortverwaltung. (Foto: Enghausen, 2000)*

des Landgestüts in Neuenhäusen geboren. Er lernte einen Beruf, ging auf Wanderschaft und wurde als Hotelbesitzer in Köln „Millionär" (KT 3.6.1898). 1897 starb er in Köln ohne Erben und damit wurde eine Verfügung gültig, mit der er eine wohltätige Stiftung in Celle einrichten wollte. Über 400.000 Mark gingen damit an die Stadt, die daraus den Krankenhausneubau, das Kinderhospital und das Waisenhaus unterstützte und mit 20.000 Mark Kapital die noch heute bestehende „Krone-Stiftung" ausstattete, die begabten Gewerbeschülern durch Stipendien eine Weiterbildung ermöglichen sollte.
Rund 250.000 Mark konnten aber auch in das städtische Vermögen genommen werden – und zwar zu einem Zeitpunkt, wo man unter anderem für den Bau der Infrastruktur im Westerceller Feld eine bedeutende Anleihe aufnehmen musste. Insofern hat das Krone'sche Erbe indirekt auch etwas mit der Kronestraße zu tun.

Quellen: Stadtarchiv 8A30 Bd.2, 2. Verwaltungsbericht.

Autos und Mineralöl

Als Hasselmann 1906 die Baugenehmigung für ein Gießereigebäude einholte, weist der Lageplan noch Wilhelm und Ottilie Berkefeld als seine südlichen Nachbarn aus. Ihr großes Grundstück, das bis zur Windmühlenstraße ging, wurde Grundlage für weitere namhafte Gewerbebetriebe. Dazu gehörte die Firma Ruhrmann „Auto- und Wagenlackiererei mit neuzeitlichem Spritz-

verfahren, Emaillier-Anstalt, Einziges Spezialgeschäft am Platze", wie sie sich in einem Briefkopf der 1930er Jahre bezeichnet. Emil Ruhrmann hatte sich 1919 in der Breiten Straße 9 zusammen mit Sattlermeister Emil Schröder selbstständig gemacht, und war 1926 in die Kronestraße gezogen.
Aus dem dann „vormals Kampmann'schen Industriegelände" – Niels Kampmann war der Schwiegersohn von Wilhelm Berkefeld – erwarb 1928 die Firma Maussner das Eckgrundstück Krone-/Windmühlenstraße. 1931 konnte sie dort einen Werkstattneubau in Betrieb nehmen, denn am Stammsitz in der Innenstadt gab es keine Erweiterungsmöglichkeiten – 1896 startete Friedrich Maussner in der Zöllnerstraße 2, seit 1898 war das Haus Stechbahn 3 Firmensitz. 1925 war man Opel-Händler, 1931 auch Opel-Großhändler geworden. Beim Bombenangriff am 12.4.1945 wurde die Werkstatt in der Kronestraße so gründlich zerstört, dass man an anderer Stelle ganz neu anfangen musste – nach einer Zwischenlösung ging es am heutigen Firmensitz in der 77er-Straße weiter.
Das Grundstück Kronestraße 22/23 erwarb 1950 die Edeka Celle, um hier für ihren Fuhrpark fünf Garagen zu errichten – und fünf Wohnungen. Die Einkaufsgenossenschaft war 1906 gegründet worden, und richtete um 1924 im alten Proviantamt Alte Grenze 7 ihr erstes eigenes Lager ein. Im Herbst 1936 forderte der Staat für die beginnende Wiederaufrüstung Deutschlands die Gebäude zurück, und die Edeka baute daraufhin (Eröffnung 1938) in der Kronestraße 36/37 ein Büro- und Lagerhaus (CZ 26.5.1956). Nach dem Krieg wuchs das Unternehmen weiter, so dass man 1964 an einen neuen Standort nach Westercelle umzog, wo man bis 1986 (Verlegung nach Soltau) blieb (CZ 4.12.1964 und 15.3.1986).
Auf dem Eckgrundstück Krone-/Windmühlenstraße befindet sich seit 1965 das Mineralölunternehmen Harling, das Paul Harling 1947 mit einem kleinen Faßlager am Güterbahnhof begründet hatte. (CZ 21.11.1997)

Quellen: Stadtarchiv 25H531, 30/132 und 30/51, Marhenke, Maussner.

Landgestütstraße

Gehört die Kronestraße zu den ersten neuen Straßen nach 1899, so gehört die Landgestütstraße zu den ältesten südlich der Fuhse. Als „Marstallsgasse" findet man sie im ersten Celler Adressbuch 1842, denn hier heißt das Landgestüt noch Königlicher Marstall. Der älteste Stadtplan (1747) zeigt, dass sich das Landgestüt ursprünglich nur südlich der Fuhse an der heutigen Spörckenstraße befand. Bis 1900 zählte es zur Landgestütstraße, dann erfolgte durch die Bildung der Spörckenstraße eine Umnummerierung (CZ 13.7.1900 – zum Landgestüt siehe das Kapitel Jägerstraße). Mit dem neuen Namen wurden zwei langjährige Leiter des Gestüts geehrt, die Brüder August (Oberstallmeister 1816-1839) und Friedrich Freiherr von Spörcken (Oberstallmeister 1839-1866). An drei weitere Gestütsleiter erinnern im Westerceller Feld die bis 1910 eingerichtete Grabenseestraße (Dr. Wilhelm Grabensee, Leiter 1892-1915), die Mitte der 1930er Jahre angelegte Elderhorststraße (Friedrich Wilhelm Elderhorst, Leiter 1764-1790) und die Ungerstraße (Friedrich von Unger, Leiter 1869-1891).
Das Gebiet zwischen dem heutigen Fuhselauf und der Windmühlenstraße ist gekennzeichnet durch alte Flußläufe der Fuhse – oder wie sie in diesem Bereich früher hieß: der Tätze – sowie durch trockene Stellen, von denen der Wind häufig den Sand heruntertrieb: zum Schutz sollen um die ältesten Häuser der Landgestütstraße Hecken angelegt worden sein (CZ 27.1, 31.1. und 3.2.1939). Die ersten Siedler hier waren Beschäftigte des Landgestüts. Nach dem Ersten Weltkrieg setzte dann eine stärkere Bebauung ein – auch an der Landgestütstraße entstanden ab 1920 Häuser mit der Reichsheimstättenförderung. 1925 erwarb die Stadt zudem Gelände von

15.15 Das ehemalige Eckhaus Spörcken-/Landgestütsstraße – in diesem Bereich entstanden schon im 18. Jahrhundert erste Häuser. Im Hintergrund das von Otto Haesler 1908 errichtete Haus Spörckenstraße 9. (Foto: Stadtarchiv, 1970er Jahre)

15.16 In der Landgestütsstraße entstanden viele plattdeutsche Geschichten von Franz Wrede – hier Wredes „Plattdeutsches Wörterbuch" von 1960 sowie zwei von den sechs erschienenen Heften, „Nu lach dick einen!" (1929) und „Vorr Kinner un grote Lüe" (1949). (Foto: Enghausen 2000)

15.17 Franz Wrede (rechts) war Lehrer an der Altstädter Schule. (Aus einem Klassenfoto Anfang der 1930er Jahre)

der Familie Kirchhoff, das im Rahmen damaliger Arbeitsbeschaffungsmaßnahmen mit Straßen (Nordtmeyer-, Hoppenstedt-, Steffen- und Bultstraße) erschlossen wurde – Beschluss 13.12.1925. Das zog sich zum Teil etwas hin. 1934, nachdem die Berliner Wohnungsbau GmbH ihre Bauten errichtet hatte, fehlte dort immer noch der Fußweg. Neben den Straßen entstand um 1935/36 auch ein Reitweg, der Fohlenweg, der das alte Landgestüt mit dessen neuen Gebäuden in Westercelle verbinden sollte.

Quellen: Stadtarchiv 30/245, 30/246 und 30/266, Karten, Adressbücher, Landgestüt Celle, 4. Verwaltungsbericht.

Franz Wrede

1962 wurde ein Neuenhäuser mit dem Bundesverdienstkreuz Erster Klasse ausgezeichnet (CZ 26.10.1996): der Lehrer, plattdeutsche Schriftsteller und Autor eines Plattdeutschen Wörterbuches Franz Wrede (1890-1963). Als Sohn des Gestütswärters Friedrich Wrede wuchs er im Haus Landgestütstraße 12 (frühere Nummer 17) auf und lebte ab etwa 1927 bis zu seinem Tode wieder hier. 1910 wurde er Lehrer zunächst in Westercelle, dann nach dem Wehrdienst im Ersten Weltkrieg ab 1919 in Gifhorn. Seit 1921 unterrichtet er bis 1947 in Neuenhäusen erst an der Trift- dann an der Altstädter Schule. Überregionale Anerkennung fand er besonders mit dem 1960 herausgekommenen Plattdeutschen Wörterbuch (CZ 26.10.1960).

Quellen: Celle-Lexikon.

Windmühlenstraße und Waldweg

16.3 Die Celler Maschinenfabrik Gebrüder Schäfer gehörte zu den bedeutenden Industriebetrieben in der Stadt. (Firmenfoto, vor 1959)

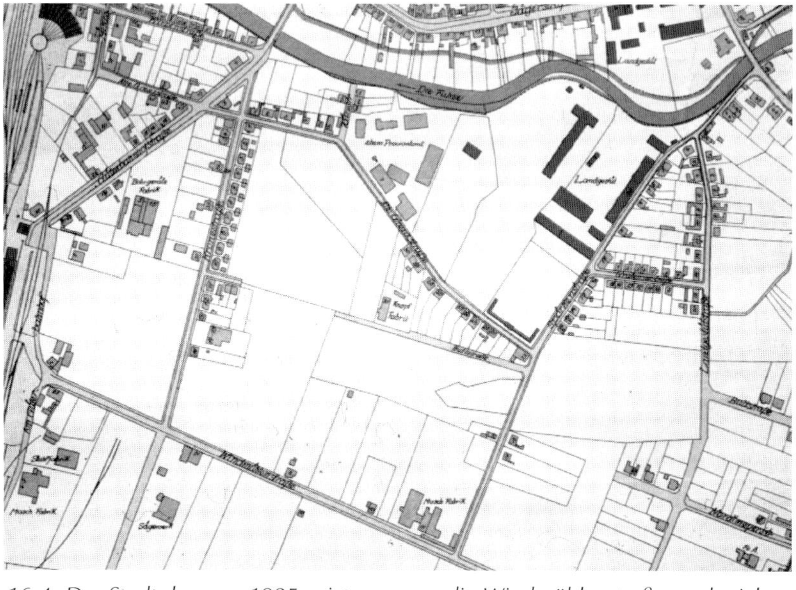

16.4 Der Stadtplan von 1925 zeigt zwar um die Windmühlenstraße noch viele unbebaute Flächen. Doch vor dem Bau des Güterbahnhofs stand hier südlich der Fuhse kaum etwas. (Stadtarchiv)

Bilder auf der vorigen Seite:
16.1 Blick über die Maschinenfabrik Schäfer (vorn) auf das damals neue Mobil-Oil-Hochhaus (Foto: Stadtarchiv, um 1958)
16.2 Aus der Anfangszeit der Siedlung am Waldweg. (Foto: Stadtarchiv, um 1938)

Die Windmühle in Westercelle

Die Windmühlenstraße hat ihren Namen von einem technischen Bauwerk, das einst hinter dem Gebäude des heutigen Kindergartens stand. Hier gab es früher eine kleine Anhöhe, den überschwemmungsfreien „Flotteberg" (CZ 31.8.1927), auf dem wohl am Ende des 19. Jahrhunderts die Mühle errichtet wurde. In einer Westerceller Gebäudesteuerrolle ist unter der Nummer 108 die „Abbauerstelle" des Windmüllers Friedrich Ackermann beschrieben, mit Wohnhaus, Stall und Windmühle.
Als erster Mühlenbesitzer ist Ackermann seit 1877 im Westerceller Steuerverzeichnissen zu finden, von 1884 bis mindestens 1891 dann der „Windmüller" Friedrich Harms und ab 1897 der „Müller" Carl Hohmeyer, der in der Windmühlenstraße 10 (Nummerierung seit 1900, heute Nr. 52) bis 1904 in den Adressbüchern aufgeführt ist.
Er wurde 1903 auch der erste Obermeister der neu gegründeten Celler Müller-Innung,

16.5 Auf einem ehemaligen Kleingartengelände entstand 1964 die Kreuzkirche. (Foto: Enghausen, 2000)

16.6-8 Im Bereich der heutigen Hoppenstedtstraße lag einmal der Platz der Zimmerei Hahn. Hier errichtete Zimmermeister Wilhelm Hahn für sich in den 1930er Jahren dieses Haus, das vor kurzem abgerissen wurde.
(Fotos: Hahn, 1930er Jahre)

16.9 Auf einem alten Foto der Trüllerfabrik (siehe Steinbömer S.99) hat sich im Hintergrund ein Bild der Windmühle erhalten.
(Ausschnitt aus einer Postkarte, um 1910)

blieb aber nur kurz im Amt. Die Windmühle wurde nach den Adressbüchern von 1904 bis 1914 von Hermann Windel weitergeführt. Mit dem Ersten Weltkrieg scheint der Betrieb eingestellt worden zu sein, 1920 soll sie abgebrochen worden sein. Schon Hohmeyer hatte 1899 bei der Aufstellung eines Bebauungsplanes für seine Umgebung gewarnt: „Sollten im Laufe der Zeit in der Nähe der Mühle größere Bauten ausgeführt werden, so würde sein Geschäft wegen Windmangels völlig ruiniert sein."

Quellen: Adressbücher, Stadtarchiv 24Q183, 24Q118+119, 24Q52, 9B215, Amt 61/630/Sg03/77 .

Maschinenfabrik Gebr. Schäfer

Daneben auf dem Eckgrundstück Windmühlenstraße/Spörckenstraße entstand Mitte der 1990er Jahren ein modernes Wohnviertel (CZ 5.2.1996). Dies ist ein altes Industriegrundstück. Angefangen hatte es um 1893, als der Ingenieur August Harloff von einem Westerceller Bauern das Areal kaufte, um für seine Maschinenfabrik in Hannover, „Specialität: Holzbearbeitungsmaschinen", ein weiteres Standbein zu entwickeln.

1894 tat er sich mit dem Kaufmann Albert Westen aus Hannover zusammen, der das Unternehmen als „Celler

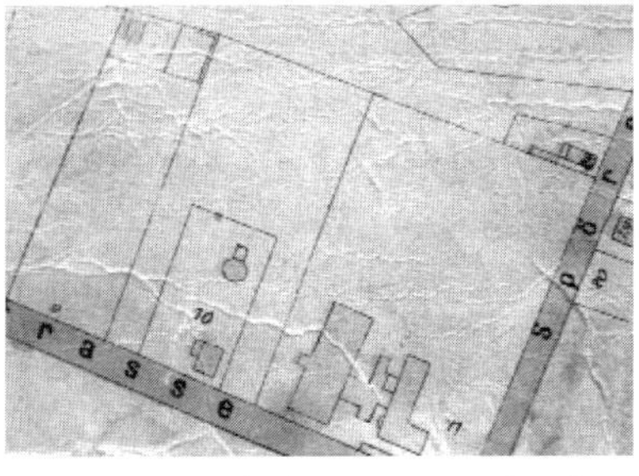

16.10 Im Stadtplan von 1898 ist die Windmühle (damals Haus Nr. 10) noch zu sehen. (Stadtarchiv)

16.11 Blick über das Sägewerk von Lucas&Brundiers in Richtung auf die Waldwegsiedlung. (16.11 und 16.13: Fotos Märker, 1950er Jahre)

16.12 Luftbild mit der Kreuzung Windmühlenstraße/Am Holzhof im Vordergrund – rechts davon ist das alte Sägewerk zu sehen. (Luftbild: Genannt, 1956)

16.13 Vor dem Sägewerk lagerte das fertige Holz.

Maschinenfabrik Albert Westen, Fabrik in Celle, Haupt-Comptoir in Hannover" (Briefkopf 1895) bald ganz übernahm. Um 1899 wurde die Anlage erheblich vergrößert. Im November 1906 wurde der Betrieb dann als „Celler Maschinenfabrik Gebrüder Schäfer" weitergeführt, bekam aber schnell einen neuen Schwerpunkt als „Specialfabrik für Tiefbohr- und Bergwerk-Maschinen" (z.B. Briefkopf 20.8.1909).
Die Gebrüder Schäfer sind Adolf († 1936) und Richard († 1952). Letzterer hat sich auch in der Kommunalpolitik engagiert. Er wurde auf der bürgerlichen „Liste Einheit" 1929 in den Stadtrat (damals: Bürgervorsteherkollegium) und 1930 zum ehrenamtlichen Senator gewählt (bis Anfang 1933 im Amt). Als sein „geistiges Kind" wird insbesondere die spätere „Spinnhütte" angesehen (CZ 29.11.1952).
Sein Bruder starb 1936 und so übernahm er allein die Verantwortung in der Fabrik. Und nach Kriegsende leitete er nicht nur den Wiederaufbau seiner durch die Bomben 1945 zerstörten Firma, sondern gestaltete auch die Politik der Stadt mit. Er gehörte dem von der Militärregierung im Januar 1946 berufenen Stadtrat an, wurde dann im Oktober 1946 bei den ersten Kommunalwahlen als Mitglied der Niedersächsischen Landespartei zum Ratsherrn gewählt – und er war dann von November 1946 bis 1948 Oberbürgermeister.
Die Maschinenfabrik, die einst 150 Mitarbeiter beschäftigte, ging im November 1988 in Konkurs. Verschiedene Anschluss-

lösungen erwiesen sich leider nicht als dauerhaft (CZ 20.11.1992).

Quellen: 6. Verwaltungsbericht, Stadtarchiv 25H565, 25H526, 14A133, 13C150.

Vom Ackerland zum neuen Stadtteil

Als man sich 1892 in der Gemeinde Westercelle mit der Straßenanbindung für den Güterbahnhof beschäftigte, kam schnell der Gedanke, von der Eisenbahn am Flotteberg vorbei zur Hannoverschen Straße „eine schöne gerade Straße“ anzulegen. Aber bis diese Windmühlenstraße eine geschlossene Bebauung erhielt, verging noch viel Zeit.

So gab es noch 1919 Klagen, dass der Baumschulbesitzer Emmerich den neu angelegten Fußweg der Straße beim Pflügen zerstöre. Seine Felder lagen unter anderem an der Südseite der Windmühlenstraße, die erst nach dem Zweiten Weltkrieg besiedelt wurde: 1951 entstand hier die Grupenstraße und mit dem Bau der Kreuzkirche 1964 erhielt der neue Stadtteil südlich der Fuhse – mit damals rund 4.000 Menschen – auch einen eigenen kirchlichen Mittelpunkt (CZ 30.4.1964).

Westlich der Spörckenstraße entstand 1967 ein Einkaufszentrum (CZ 27.9.1967). In diesem Bereich befand sich nach dem Zweiten Weltkrieg das Sägewerk „August Landmesser, Inhaber Johannes Mischnick“.

Quellen: Stadtarchiv 24Q183, Amt 61/610-19, 30/66, Heimatchronik, Kirche in Celle.

Erdölfirmen

Die Entwicklung der Windmühlenstraße wird auch durch Erdölunternehmen geprägt. So hatte die Wintershall AG mehrere Jahre eine Hauptverwaltung in Celle, bevor man diese 1958 in Kassel konzentrierte (CZ 19.4.1958). Ihr in den 1940er Jahren errichtetes Verwaltungsgebäude an der Kreuzung Windmühlenstraße/Spörckenstraße nutzte dann ab Anfang der 1960er Jahre bis zu seiner Auflösung 1996 das Kreiswehrersatzamt Celle (CZ 6.2.1961, 30.1.1997).

Mit dem Mobil-Oil-Hochhaus entstand nicht weit entfernt 1957/58 „der erste Celler Wolkenkratzer“ (HP 26.2.1957, 2.8.1958). Die hier ansässige Explorations- und Produktionsabteilung der Mobil-Oil konnte 1982 ihr 50-jähriges Bestehen feiern (CZ 27.11.1982). Eine Verwaltungsstelle in Celle bestand schon länger, erst aber als die Hauptverwaltung 1942/3 in Hamburg ausgebombt war, wurde sie weiter ausgebaut (HP 2.8.1958). Das vom Architekten Heinrich Wichmann errichtete Hochhaus entstand an einer eigens hierfür angelegten Nebenstraße. Benannt ist sie nach dem Celler Bohringenieur August Burggraf (1882-1955), der sich auch um den Turnsport beim MTV Celle verdient gemacht hat (CZ 22.2.1955).

Quellen: Geschichte der Stadt Celle, Heimatchronik, Stadtarchiv Amt 61/610-19 und 30/66.

Holzhof

Der Straßenname „Am Holzhof“ erinnert an den Standort des Sägewerks „Lucas & Brundiers“, das sich ab etwa 1903 auf dem Eckgrundstück zur Windmühlenstraße befand. 1968 wurde der Bebauungsplan aufgestellt, durch den hier als Folgenutzung mehrgeschossige Wohnhäuser möglich wurden (CZ 28.12.1971).

Schon 1926 war ein Teil von diesem Grundstück abgetrennt zur Anlage „der verlängerten Kronestraße“, des heutigen Holzhofes. Um das Projekt voranzutreiben, beteiligten sich an den Kosten Georg Boissevain (Ölhandel in der Kronestraße), der Architekt Wilhelm Hellmann als Grundstücksnachbar und der Gastwirt Burgdorf vom „Waldschlösschen“ (Waldweg).

Quellen: Stadtarchiv 25H576, 30/132, Adressbücher, 7. Verwaltungsbericht

Zwischen Holzhof und Bahn

Dem Sägewerk gegenüber lag an der Ecke Windmühlenstraße/Am Holzhof ein großes Grundstück, das vor dem Ersten Weltkrieg die Firma Satorius

16.14 Zwischen 1937 und 1939 entstanden rund 120 „Kleinsiedlerhäuser“ zwischen Waldweg und Windmühlenstraße. (Foto: Stadtarchiv, um 1938)

16.15 *Blick auf die Fabrikhalle der Firma Engelking – rechts die Brauerei Betz mit dem Gebäude des alten „Waldheims". (Luftbild: Genannt, um 1956)*

Rheinhold erworben hatte. Als der Architekt Wilhelm Hellmann die Pläne für den Bau der Maussnerschen Werkstatt (Kronestraße) einreichte, konnte er in seinem Briefkopf (7.8.1928) schon auf seinen „Lagerplatz Windmühlenstraße, Anschlussgleis Südturm" verweisen.
Für die Firma „Ingenieurbau Hellmann", die Rudolf Hellmann 1935 erwarb, war der Gleisanschluss wichtig, weil sie überregional tätig war – mit bis zu 900 Beschäftigten (NTZ ca. 20.11.1937). Das Gelände Am Holzhof gehört heute mit zur ITAG.
Daneben lag auf dem heutigen Baumarktgelände die Stuhlfabrik mit Dampfsägewerk, die der Fabrikant Heinrich Krumwiede Ende des 19. Jahrhunderts gründete. Sie exportierte ihre Stühle bis nach Argentinien und beschäftigte zeitweise bis zu 120 Mitarbeiter. Krumwiede hatte auch schon früh eine „Arbeiter-Commission" eingesetzt, um betriebliche Probleme rechtzeitig besprechen zu können. Auf ihren Wunsch richtete er um 1900 einen Kiosk ein, denn die nahen Gaststätten wollten kein Flaschenbier verkaufen.
Gemeint sind die damaligen Gaststätten „Zum Güterbahnhof" – heute Itagstraße 21 – und neben der Stuhlfabrik „Zu den drei Linden", die beide 1891 ihre Konzession erhielten. Letztere wurde von Ludolf Heindorf errichtet. Bekanntester Wirt wurde Jacob Buschheuer, der das Haus etwa von 1920 bis 1962 führte.

Quellen: Stadtarchiv 14A131, 14A134, 25H576, 25H581, 25H95, Moeck.

Bomben 1945

„Das westliche Stück der Windmühlenstraße von der Kronestraße ist durch Bomben zerstört worden. Die Trichter sind von bombengeschädigten Hausbesitzern und anderen Personen mit Schutt und Unrat angefüllt worden. Leider hat dies dazu geführt, dass viele Leute diesen Straßenteil und die

16.16 *In der Produktionshalle der ehemaligen Firma Engelking. (Foto: Stadtarchiv, vor 1985)*

16.17 *Firmenschild, das früher am Verwaltungsgebäude Ecke Waldweg/ Am Holzhof hing. (Foto: Enghausen, 2000)*

16.18 *Das 1948 für die Schuhfabrik Petz errichtete Gebäude wurde Ansatzpunkt für bedeutende Textilfirmen. (aus dem Prospekt der Firma Kammann, 1950er Jahre)*

ganze Straße ‚Am Güterbahnhof' als Schuttabladeplatz ansahen," beschwert sich im Mai 1947 Baumeister Hans Waack. Auch sein Lagerplatz an der heutigen Borsigstraße wurde von den Bomben am 8. April 1945 zerstört und der Wiederaufbau brauchte Zeit – manche Betriebe zogen ganz fort.
Erinnert werden soll auch an das menschliche Leid. In einem Haus am Güterbahnhof wurde eine Frau verschüttet und konnte erst Tage später geborgen werden. Eine ganze Reihe von Cellern wurden auch getötet: Das Standesamtsregister verzeichnet im April 1945 den Tod von 57 Menschen ausdrücklich im Zusammenhang mit dem Bombenangriff (Auskunft Stadtarchiv).
Die Zahl der Todesopfer ist aber noch sehr viel größer – die Verwaltung ging in der Nachkriegszeit von insgesamt 800 Toten aus. Denn auf dem Güterbahnhof stand zur Zeit des Angriffs auch ein Zug, in dem Insassen des KZs Salzgitter-Drütte von der näherrückenden Front weggebracht werden sollten. Wohl mindestens 2.000 Menschen sollen in dem Zug gewesen sein – nur rund 1.100 Überlebende wurden ermittelt. Die Toten, soweit man ihre sterblichen Überreste finden konnte, wurden nach dem Krieg auf dem Waldfriedhof beigesetzt und es wurde dort ein Mahnmal errichtet.
Genaue Zahlen sind nicht überliefert. Die Statistik weist aber für 1945 auf dem Waldfriedhof rund 1.200 Beisetzungen mehr als im Vorjahr und dem Jahr danach aus – für die gesamte Stadt sind es rund 1.500 Beisetzungen mehr als 1944 und 1946.
Einige aus dem Zug konnten durch die Flucht überleben (CK 16.4.1992). Andere Fliehende, die „sich in Häusern und Gärten in Sicherheit zu bringen suchten, sind dort erschlagen oder erschossen worden. Auch im Neustädter Holz und in der weiteren Umgebung haben noch Tage danach Erschießungen stattgefunden," heißt es in einen Aufruf der Stadt Celle „Gräber ehemaliger KZ-Häftlinge gesucht" (HP 30.8.1946). 56 verscharrte Tote hatte man bis dahin schon gefunden. Auch an sie erinnert das 1992 errichtete Denkmal in den Triftanlagen (CZ 19.12.1990).

Quellen: 6. Verwaltungsbericht, Bertram-April, Stadtarchiv 30/66, 5O14, Amt 20/494, 67/81 und 67/173

16.19 Das Waldschlösschen war Anfang des vorigen Jahrhunderts ein attraktives Ausflugs- und Tanzlokal. (Postkarte vor 1914)

16.20 Der Waldweg hieß ursprünglich „Waldheimweg" und war nach dem Ausflugslokal „Waldheim" benannt, im 19. Jahrhundert das einzige Haus in dieser Gegend. (Postkarte, um 1900)

16.21 Die ehemalige „Villa Waldheim“ wurde in der Nachkriegszeit Sitz der Brauerei Betz. (Privatfoto, wohl 1940er Jahre)

16.22 Auf dem Nebengrundstück – ehemals Waldschlösschen – entstanden die Brauereigebäude – und hier begann 1993 die neue Tradition der „Brauhof-Feten“. (Foto: Maehnert, 1993)

Waldweg

Durch vereinzelte Bomben gab es auch im Waldweg (damals Nr. 5) und im Mondhagen (damals Nr. 11) Totalschäden. Dies waren damals noch recht junge Baugebiete. Im Jahre 1900, als der Waldweg offiziell seinen Straßennamen erhielt, gab es hier nur zwei Häuser: Das Haus Nr. 2 (heute im Bereich Waldweg 101-105) des Gestütswärters a.D. Lindemann und das an der Bahn liegende Haus Nr. 20, in dem der Weichensteller Schnobel wohnte (CZ 7.7.1900). Im Adressbuch 1910 wird nur ein Haus am Waldweg (Lindemann) genannt und bei 19 weiteren Grundstücke steht „unbebaut“.
In den 1920er Jahren gab es hier Planungen für eine „Kleinsiedlung“ (CZ 18.1.1927). Doch erst von 1937 bis 1939 entstanden dann die rund 120 „Kleinsiedler“-Häuser zwischen Waldweg und Windmühlenstraße mit den neuen Straßen Elderhorst-, Unger-, Borchmann- und Mellingerstraße (CZ 13.12.1941).
Die Waldwegschule kam dann 1952 (CZ 19.4.1952). 1996 entstand dann der Bebauungsplan für ein neues Baugebiet, das „Waldweg-Quartier“, auf einer damals noch zu Westercelle gehörenden ehemaligen Ackerfläche, die im Jahr 2000 zu Neuenhäusen kam.

Quellen: Stadtarchiv 8A30, 26/789, 30/67,

Weg zur Tangente

Heute ist der Waldweg eine Wohnstraße, 1922 bezeichnete man ihn noch als „Hauptverkehrsader von der Ortschaft Westercelle zu den westlich der Bahn liegenden großen Ackerländereien und Ansiedlungen“. Damals versuchten die Stadt und Westercelle erneut, den Bahnübergang im Zuge dieser Straße, wie es schon vor dem Ersten Weltkrieg geplant war, durch eine Unterführung zu ersetzen. Nach anfänglichem Zögern der Reichsbahn gab es bald neue Planungen, diesmal für eine Brücke: Um 1925 wurden dazu die Rampen gebaut – doch dabei blieb es.
Um 1938 gab es noch einmal einen Versuch (CZ 16.4.1938), doch erst 1964 mit dem Bau der Südtangente (Wilhelm-Heinichen-

Ring) entstand dann tatsächlich die Überführung – unter Einbezug der Rampen aus den 20er Jahren.

Quellen: Stadtarchiv 26/789, 30/67, 30/362, Heese

Waldheim und Celler Bier

Der Waldweg führte um 1900 von der Hannoverschen Heerstraße „nach Waldheim" und erhielt von diesem Gasthaus, das im Bereich der heutigen Brauerei Betz lag, seinen Namen. Durch einen Brand wurde es 1895 stark beschädigt. 1901 ging die Konzession auf das wenig entfernt von dem Gastwirt Hermann Engels neu gebaute „Waldschlößchen" über (CB 31.7.1941). Hier soll auch Anfang des 20. Jahrhunderts der erste Celler Fußballplatz gelegen haben.
Nachdem die Brauerei Betz 1945 an ihrem Stammsitz (Kirchstraße 19/Marienstraße 5) ausgebombt war und dieses Areal zur Erweiterung des Gaswerkes gebraucht wurde, siedelte sie sich – nicht ohne Schwierigkeiten – am Waldweg neu an. Hier (heutige Nummer 101) konnte die von Carl Betz gegründete Brauerei 1993 ihr 100-jähriges Jubiläum mit der ersten „Celler Brauhof-Fete" feiern – seit 1984 wird hier, angefangen mit dem „Celler Urtrüb", wieder eigenes Bier hergestellt (CK 8.8.1992).

Quellen: Stadtarchiv 8A30, 24Q185, 14A358 Bd.2, Feuerwehr Westercelle, Fußball in Celle.

Textil- und Metallfabriken

In der Umgebung entstanden nach dem Krieg weitere Betriebe. Einen ungewöhnlichen Bau (Bild 16.18) errichtete 1948 die „Celler Schuhfabrik GmbH Peetz" in der Schildenstraße 10 (HP 20.4.1948). Die Firma ging allerdings schon bald in Konkurs. Die Stadt erwarb das Gebäude 1952 und vermietete es an die 1945 gegründete Regenmäntelfabrik Kammann, die hier 1955 rund 150 Mitarbeiter beschäftigte (CZ 24.8.1955).
Seit 1959 (CZ 20.6.1984) war das neue Bekleidungswerk der Brinkmann-Gruppe (Stammhaus in Herford) hier Mieter. 1974 errichtete es in der Schildenstraße 24 einen Neubau, der die Produktion auf eine neue Basis stellte (CZ 16.12.1974). Rund 20 Jahre

16.23 Bis 1965 gab es einen Bahnübergang mit Schranken am Waldweg. (Foto: Stadtarchiv, wohl 1960er Jahre)

16.24 Solange bestand auch am Mondhagen ein Bahnübergang. Teile dieser Straße wurden bis 2000 zu Neuenhäusen gerechnet. (Foto: Enghausen, 1970er Jahre)

16.25 *Ein Hochgeschwindigkeits-Versuchstriebwagen passiert das ehemalige Hauptstellwerk in Höhe der Heeseunterführung. (Privatfoto: 1930er Jahre)*

16.26 *1965 wurde das Projekt der Eisenbahnüberführung/Bau der Südtangente verwirklicht. Bereits 1925 hatte man erstmals dafür Rampen gebaut, die lange unvollendet standen. (Foto: Maehnert, 2001)*

16.27 *Ersatz für das durch Bomben zerstörte Hauptstellwerk. (Foto: Bundesbahn, wohl um 1965)*

später wurde das Celler Werk mit über 100 Mitarbeitern stillgelegt (CZ 19.8.1993).

Zum Waldweg (heute Nr. 100) kam 1948 auch die Firma Engelking. Mit einer Bauschlosserei hatte August Engelking 1936 an der Hannoverschen Heerstraße/Ecke Windmühlenstraße begonnen – hier befand sich seit langem die Aulich'sche Schmiede. Diese Räume Hannoversche Heerstraße 38 wurden danach (Adressbuch 1949) zum Teil vom Eisen- und Baustoffhandel Walter Münchau genutzt – einem Flüchtlingsbetrieb, der Mitte der 50er Jahre zur Braunschweiger Heerstraße umzog –, und in einem anderen Teil siedelte sich mit der Celler Autoreifen GmbH eine Branche an, die hier bis heute – mit wechselnden Firmen – fortbesteht.

Die Firma Engelking stellte am Waldweg Drehfalttüren für Bahnwagen, Maschinenhäuser für Kräne, Feuerschutztüren und vieles mehr her, bis sie 1985 in Konkurs ging (CZ 8.7.1961, 26.4.1985). In dem Gebäude entstand später die „1. Celler Kartbahn", und auch auf anderen ehemaligen Industrieflächen ist neues Leben eingekehrt. So wurde an der Zufahrt zur Südtangente 1992 ein Einkaufszentrum angelegt (CZ 24.10.1992).

Quellen: 6. Verwaltungsbericht, Moeck.

Sachregister

Straßennamen

Personen, Firmen und Gaststätten

Abkürzungen

Stadtarchiv:	Stadtarchiv Celle
Nds. HStA.:	Niedersächsisches Hauptstaatsarchiv Hannover
KT:	Kölner Tageblatt
CZ:	Cellesche Zeitung
CK:	Celler Kurier
CM:	Celler Markt
CB:	Celler Beobachter
HAZ:	Hannoversche Allgemeine Zeitung
HP:	Hannoversche Presse
HK:	Hannoverscher Kurier
NTZ:	Niedersächsische Tageszeitung

Literaturliste

(In Klammer: bei den Quellenangaben benutzte Kurzversion)

(ArchitekTouren) Oelker, Simone und Klatt, Dietrich: ArchitekTouren zu den Bauten von Otto Haesler in Celle, Celle 2000.

Atkinson, Catherine: Celle eine wehrhafte Stadt, Ausgrabungen an der ehemaligen Stadtbefestigung vor dem Hintergrund frühneuzeitlicher Festungsgeschichte, Celle 1989.

(Baugewerk) 100 Jahre Baugewerkeninnung Celle, Festschrift Celle 1977.

Bertram, Dr. Mijndert: Celles ausgefallene Jubiläumsfeier – Festplanung und Kriegswirklichkeit in den Jahren 1941/42. in: Celler Chronik, Bd. 5, Celle 1992, S. 7- 20.

(Bertram-April) Bertram, Dr. Mijndert: April 1945, Der Luftangriff auf Celle und das Schicksal der KZ-Häftlinge aus Drütte, Celle 1989.

(Bertram-Celle) Bertram, Dr. Mijndert: Celle - Eine deutsche Stadt vom Kaiserreich zur Bundesrepublik, Bd. 1, Celle o.J. (1992?).

(Baudenkmale) Fischer, Gernot: Celler Baudenkmale, Celle 2000.

Birkner, Karl: Emigrantenstraße, Aus der Geschichte einer kleinen Straße. Maschschr. Manuskript o.D. (zwischen 1954 und 1963). Stadtarchiv Celle, Zeitungsausschnittssammlung: Emigrantenstraße.

Bonness, Wilhelm: Die Celler Hengstparaden. o.J. (um 1935).

Borstelmann, Paul: Die herrschaftliche Klickmühle in Celle. in: Sachsenspiegel 25.7. 1970.

Cassel, Clemens: Geschichte der Stadt Celle mit besonderer Berücksichtigung des Geistes- und Kulturlebens der Bewohner. Celle 1930 (Bd. 1) und 1934 (Bd.2).

Celle die alte Herzogstadt, Deutscher Städteverlag, Hannover o.J. (1920er Jahre).

Celle '45 - Aspekte einer Zeitenwende; Begleitpublikation zur Ausstellung im Bomann-Museum 1995, Hrsg: Bomann-Museum, Redaktion Mijndert Bertram, Celle 1995.

Celle, Erinnerungs- und Gedenkstätten, Kalender der Sparkasse Celle für 1990, Celle 1989.

(Celler Flurnamenbuch) Alpers, Paul, und Barenscheer, Friedrich: Celler Flurnamenbuch. Schriften des Niedersächsischen Heimatbundes, NF Bd. 20, Celle 1952.

Celler Heimatbuch, Führer durch Geschichte und Gegenwart, hrsg. von Otto Weltzien, Celle 1921.

Celle-Lexikon – Von Abbensen bis Zwische, von RWLE Möller, Hildesheim 1987.

Dehning, Heinrich: Die Geschichte der Stadt Celle, Ein Festbuch zur Feier des 600-jährigen Bestehens der Stadt. Celle 1891.

Evangelisch-reformierte Kirche, Faltblatt Celler Baudenkmale 5, hrsg. Stadtarchiv Celle, Text: Andreas Flick, Celle 2000.

(Feuerwehr) 100 Jahre Freiwillige Feuerwehr Celle 1864-1964, Festschrift zusammengestellt von Hans Hiesche und Werner Schmidt, Celle 1964.

(Feuerwehr Westercelle) 100 Jahre Freiwillige Feuerwehr Westercelle 1893-1993, Chronik herausgegeben von der Freiwilligen Feuerwehr Westercelle, Celle 1993.

Fischer, Edda: Kindheit und Jugend – 20 Jahre an der Trift in Celle. Aus den Aufzeichnungen von Carl Wersebe. in: Celler Chronik Bd. 8, Celle 1998, S. 103–134.

Flick, Andreas: Die Geschichte der Deutsch-reformierten Gemeinde in Celle 1709 bis 1805. Celle 1994.

(Flick: 300 Jahre) Flick, Andreas: 1700-2000, 300 Jahre Evangelisch-reformierte Kirche in Celle. in: Celler Chronik Bd. 9, Celle 2000, S. 58-101.

Flick, Andreas: Über das Haus No. 90 an der Trift in Celle; in Sachsenspiegel 17.12.1994.

(Fußball in Celle) Fritz Maussner und Nils Köhler: Fußball in Celle, Von den Anfängen bis 1945 und Die Fußballer des TuS Celle 1945 bis 2001, Celle 2001.

(Geschichte der Stadt Celle) Jürgen Ricklefs, Geschichte der Stadt Celle mit Beiträgen von Hellmut Krohn und Max Vogel, Celle, 2. Auflage, 1976.

Hack, Angelica: „Iß immer düller, Zwieback von Trüller". in: Celle, hrsg. von der Stadt Celle, Celle 1991.

Haesler, Otto: Mein Lebenswerk als Architekt, Berlin 1957.

(Heese) Maehnert, Carsten: Die Heese – Geschichte eines Celler Stadtteils; in: Geschäftsbericht der Sparkasse Celle 1993, Celle 1994, S. 27-36.

(Heimatchronik) Heinrich Pröve, Jürgen Ricklefs, Wolfgang Paul u.a.: Heimatchronik der Stadt und des Landkreises Celle, Köln 1959.

Hennebo, D.: Historische Gärten in Celle, Bd. 4 Die Trift, Hannover 1991.

(Hugenotten) Andreas Flick, Angelica Hack und Sabine Maehnert: Hugenotten in Celle, Katalog zur Ausstellung im Celler Schloß, Celle 1994.

100 Jahre Bomann-Museum Celle 1892-1992, Hrsg. vom Museumsverein Celle e.V., Redaktion Katrin Panne, Celle 1992.

100 Jahre Gas in Celle, hrsg. von den Stadtwerken Celle, Celle 1957.

(100 Jahre Gasversorgung) 100 Jahre Gasversorgung der Stadt Celle, Sonderbeilage der CZ vom 8.11.1957.

Innungskrankenkasse Celle (Hrsg.): 200 Jahre Handwerks-Krankenkassen in Celle 1787-1987, Celle 1987.

ITAG 1908-1983 – 70 Jahre in Celle, 75 Jahre Bohrunternehmen, 100. Wiederkehr der Geburtstages des Gründers Hermann von Rautenkranz, Celle 1983.

Juden in Celle, Biographische Skizzen aus drei Jahrhunderten, hrsg. v. Brigitte Streich, Celle 1996.

Justizvollzugsanstalt Celle: Das Zuchthaus Celle – Historie. Faltblatt der JVA Celle, Celle 2001.

(Karten) Die Entwicklung der Stadt Celle in Karten seit 1750, hrsg. vom Katasteramt Celle, Celle 1992.

Kirchhoff, Alfred: 500 Jahre Celler Schützenwesen, Celle 1928.

(Kfz-Innung) 50 Jahre Kraftfahrzeugmechaniker-Innung Celle-Burgdorf. Festschrift Celle 1985.

Kirche in Celle – Beiträge zur Kirchengeschichte, Redaktion Manfred Leenders und Dr. Hans-Walter Schütte, Celle 1992.

Kloß, Egon: 225 Jahre Kirchengeschichte in Neuenhäusen, Sachsenspiegel 31.12.1976.

Kreishandwerkerschaft Celle: Festschrift zum 50-jährigen Bestehen der Kreishandwerkschaft Celle am 20. November 1970. Celle, 1970.

Landgestüt Celle 1735 – 1985, hrsg. Niedersächsisches Landgestüt Celle, Celle 1985.

Maehnert, Carsten: Die Altenceller Vorstadt um 1757, in: Celler Chronik 9, Celle 2000, Seite 34-57.

Marhenke, Heinz Leo: Handwerker und Kaufleute im Dienste des Verkehrs – Ein Almanach der Celler Motorgeschichte. Celle 1998.

Maussner, Fritz: 1896-1971, 75 Jahre Maussner Celle, Celle 1971.

Meyer-Rasch, Carla: Abschiedsgeschenk an den Celler Sandkrug. In: Sachsenspiegel 3.5.1969.

Meyer-Rasch, Carla (1973): Sandkrug, in: Sachsenspiegel 27.10.1973.

Meyer-Rasch, Carla: Neuenhäuser Kirche, Pfarre und Friedhof in zwei Jahrhunderten, 1751-1951. Celle 1952.

Meyer-Rasch, Carla: Alte Häuser erzählen, Bd. 1 Celle 1972 (3. Aufl.); Bd. 2, Celle 1962; Bd. 3 Celle 1974.

Mielke, Jörg: 100 Jahre Landkreis Celle, Celle 1985.

(Moeck) Moeck, Hermann, und Hütter, Roland: Wirtschaft in und um Celle, Historie und Gegenwart, Celle 1995.

Moeller, RWLE: Wo wir wohnen: Straßen in Celle. Celle 1995.

Obenaus, Sibylle: Der Museumsverein, seine jüdischen Mitglieder und das Bomann-Museum in Celle. Ein Überblick. in: Celler Chronik 9, Celle 2000, S. 170-195.

Ricklefs, Jürgen: Aus den Anfängen der Westceller Vorstadt Neuenhäusen. in: Celler Chronik I, Celle 1983, S. 51-83.

Schrader, Ewald: Der Sandkrug zu Celle 1681-1931, anlässlich des 250-jährigen Hausjubiläums zusammengestellt von Ewald Schrader, Celle 1931.

Schwaegermann, Gerhard: Celle Neuenhäusen, Ein Leitfaden durch Geschichte und Gegenwart, Celle 1983.

Siebern, Heinrich: Die Kunstdenkmäler der Provinz Hannover III, Heft 5: Stadt Celle, Hannover 1937.

Sonderbeilage der Celleschen Zeitung: Kaiserin-Auguste-Viktoria-Schule in Celle zum 125-jährigen Jubiläum der Anstalt. Celle 1930.

Streich, Dr. Brigitte: „Die Entwicklung vom Kettembeilschen Etablissement bis zum 'Union-Club' inmitten der alten Herzogstadt Celle" und „Vom Heiratskarussel im Garten der Union über das Kriegslazarett bis hin zum modernen Kongreßzentrum". in: CZ, 24.12.1994.

Steinbömer, Justus: Celle – Alte Bilder erzählen. Erfurt 1997.

Spangenberg, E.: Historisch-topographisch-statistische Beschreibung der Stadt Celle, Celle 1826.

Urkundenbuch der Stadt Celle, bearbeitet von Dieter Brosius, Hannover 1996.

Der Speicher, Heimatbuch für den Landkreis Celle, hrsg. v. Friedrich Helmke und Heinrich Hohls, Celle 1930.

Verwaltungsberichte der Stadt Celle: Bd. 1 1890; Bd. 2 1891 bis 1900; Bd. 3 1900 bis 1905; Bd. 4 1905 bis 1910; Bd. 5 1911 bis 1925, Celle 1929; Bd. 6 1926 bis 1955, Celle 1964; Bd. 7 1956 bis 1979, Celle 1982.

16. Orchideenkatalog der Wichmann Orchideen KG, Celle, o.J.

Wolf, Winfried: Seit 1748: Freimaurer in Celle. In: Sachsenspiegel 12.4.1986.